DIEGO PAUTASSO + TIAGO NOGARA

A CHINA E A NOVA ROTA DA SEDA

da reconstrução
nacional à rivalidade
sino-estadunidense

Título original: A China e a Nova Rota da Seda: da reconstrução nacional à rivalidade sino-estadunidense

ISBN 978-65-5748-055-7

EDITORA DE CULTURA
Rua Baceúnas, 180
03127-060 – São Paulo – SP
atendimento@editoradecultura.com.br
www.editoradecultura.com.br

Primeira edição: julho de 2024
Impressão: 5ª 4ª 3ª 2ª 1ª
Ano: 28 27 26 25 24

CIP-BRASIL. CATALOGAÇÃO NA PUBLICAÇÃO
SINDICATO NACIONAL DOS EDITORES DE LIVROS, RJ

P361c

Pautasso, Diego, 1980-
A China e a Nova Rota da Seda : da reconstrução nacional a rivalidade sino-estadunidense / Diego Pautasso, Tiago Nogara. - 1. ed. - São Paulo : Editora de Cultura, 2024.
184 p. 16x23 cm.

ISBN 978-65-5748-055-7

1. China - Relações exteriores. 2. Desenvolvimento econômico - China. 3. Relações econômicas internacionais. I. Nogara, Tiago. II. Título.

24-91691 CDD: 337.1
CDU: 339.5

Meri Gleice Rodrigues de Souza - Bibliotecária - CRB-7/6439

DIEGO PAUTASSO + TIAGO NOGARA

A CHINA E A NOVA ROTA DA SEDA

da reconstrução nacional à rivalidade sino-estadunidense

cultura

UM TEMA FUNDAMENTAL

Existia um tempo em que os estudos sobre a China na Brasil eram por demais escassos. Com exceção de grandes mestres como Severino Cabral e o embaixador Amaury Porto de Oliveira, a sinologia brasileira resumia-se a abordagens culturais. Porém, nos últimos vinte anos, a realidade internacional tem mudado rapidamente e o interesse sobre a China elevou-se de forma substancial. Ao menos contamos hoje com duas gerações de pesquisadores sobre a China nas mais diversas áreas do conhecimento. Mas os limites a análises mais profundas, menos eurocêntricas e continuam os constrangimentos a uma posição mais simpática ao processo em curso na China. Ou seja, avançamos sobre o tema. Mas as influências de uma visão colonizada sobre aquele gigantesco e único processo histórico são grandes, nada pequenas.

Diego Pautasso e Tiago Nogara são ótimas exceções. Jovens, porém de uma seriedade intelectual ímpar. Há algum tempo ambos têm nos brindados com publicações de alto nível sobre a China, sua construção e relações internacionais. A cada publicação, um salto de qualidade.

Esta regra se confirma com este livro que chega às mãos do público. Na verdade, as dificuldades atuais dos estudos sobre a China vão além de uma subjetividade repleta de ruídos. Existe um óbice metodológico, pois os temas não são abordados de forma holística. Percebe-se um nível de especialização que impede uma visão integral do processo histórico em curso na China. Pautasso e Nogara nos ensinam aqui como não cair nesta armadilha, pois nos entregam uma visão histórica de altíssimo nível, pois não se trata somente da Iniciativa Cinturão e Rota ou do conceito gestado pelo mestre Javier Vadell sobre a "globalização instituída pela China".

Neste livro existe um enquadramento sério que relaciona o que está diante de nós (o impetuoso desenvolvimento chinês, sua influência internacional e a globalização que essa experiência nos oferece) com um longo processo histórico iniciado pela resistência à ocupação estrangeira após as guerras do ópio e a própria Revolução de 1949. A China aqui é descrita, de forma direta e indireta, como expressão de um processo histórico que não somente a recoloca em seu devido lugar ocupado por séculos. Mas, principalmente transforma o mundo à sua imagem e semelhança – incluindo um feroz enfrentamento com a potência hegemônica de nosso tempo.

É uma honra me referir diretamente aos professores Pautasso e Nogara. Duas mentes brilhantes à serviço de uma sinologia séria, brasileira, inteligente e não colonizada.

Elias Jabbour

Consultor da Presidência do New Development Bank (Banco dos BRICS), Professor da Faculdade de Ciências Econômicas da UERJ e autor, com Alberto Gabriele, de "China: O Socialismo do Século XXI" (2021)

SUMÁRIO

INTRODUÇÃO

Não é de se estranhar que nos dias de hoje se multiplique o interesse geral sobre o conjunto das temáticas envolvendo a China. Afinal, o país tem implementado acelerado processo de desenvolvimento nacional nas últimas décadas, com grandes repercussões para o conjunto do sistema internacional. Apesar de ser a maior parceira comercial do Brasil desde 2009 e registrar hoje o maior PIB do mundo em poder de paridade de compra, a China ainda é objeto de percepções que oscilam entre a desinformação e o desconhecimento em nosso país. Via de regra, as visões dominantes acerca dos rumos da história mundial têm sido abordadas a partir de um viés vinculado ao excepcionalismo ocidental, com seus respectivos sistemas de valores e crenças. Assim, além de favorecer a consolidação de graves lacunas em nossa capacidade de apreensão de experiências políticas e sociais não convencionais, esse panorama também contribui para a formatação de um evidente óbice às próprias formulações de estratégias de desenvolvimento e inserção internacional do Brasil num mundo globalizado e em constante rearranjo de forças.

Para contribuir no processo de superação dessas limitações, buscamos, nesta obra, entender a China a partir da análise histórica das mudanças políticas que o país vem experimentando sob a liderança do Partido Comunista da China (PCCh) nas últimas décadas, especialmente após o triunfo da revolução socialista de 1949. Mais do que uma vitória dos comunistas chineses, a revolução representou o primeiro grande passo de um estrondoso processo de *reconstrução nacional*, na medida em que pôs fim à submissão política às potências imperialistas, a herança maldita do chamado Século de Humilhação (1839-1949), assim conhecido pelas invasões e chantagens estrangeiras que resultaram na erosão do aparato político e institucional da civilização chinesa.

Sob a condução de Mao Tsé-Tung, os chineses garantiram a integridade do território nacional após décadas de guerra civil, superando a difícil conjuntura de fragmentação política e de perda da soberania sobre diversas regiões do território chinês. Os esforços de reconstrução da infraestrutura básica e de estabelecimento de um processo planificado de industrialização responderam aos influxos inerentes ao período logo após a revolução e vieram a se articular com a consecução de uma estratégia de longo prazo direcionada para a reestruturação de um país há décadas mergulhado numa ampla miríade de vulnerabilidades estruturais.

Passados esses primeiros anos fundamentais da revolução, uma segunda geração de lideranças revolucionárias chinesas, sob a direção de Deng Xiaoping, implementou as diretrizes de *Reforma e Abertura*, apresentando uma reorientação das prioridades nacionais, de forma a atingir um acelerado processo de desenvolvimento das forças produtivas, pautado pela internalização de tecnologias estrangeiras e pela inflexão dos rumos da inserção internacional do país. Ao tempo em que essa estratégia de *abertura econômica planejada* deu maior dinamismo ao país, ingressando sem freios nos trilhos do crescimento econômico, também permitiu aos comunistas a manutenção de sua autoridade política, mesmo na década de 1990, contrastando com o panorama de colapso do campo soviético e de grande parte dos países vinculados ao paradigma do *socialismo real*. Assim, a China passou a se integrar progressivamente às instituições multilaterais de âmbito regional e global, superando o anterior *status* de relativo isolamento político e recuperando sua capacidade de atuação internacional.

No alvorecer do século XXI, o engajamento chinês na institucionalidade da governança global se aprofundou, em consonância com a ampliação de suas capacidades diplomáticas, econômicas e militares, permitindo maior ingerência nas questões internacionais para além do seu entorno regional imediato. Nesse sentido, mesmo que sem uma postura revisionista da ordem mundial, os principais vetores da política externa chinesa ensejam relevantes reformas e modificações nos parâmetros da distribuição de poder no mundo. Dentre suas iniciativas em favor da formatação de uma nova arquitetura dos arranjos políticos e econômicos globais, destaca-se a construção da chamada Nova Rota da Seda, consubstanciada na implementação da Iniciativa do Cinturão e Rota (*Belt and Road Initiative* - BRI).

Consequentemente, os efeitos da bem-sucedida reconstrução nacional chinesa têm transbordado para além dos limites territoriais do país, contribuindo para a reconstrução de um paradigma no qual o protagonismo e a maior relevância da China se refletem na própria reestruturação da ordem regional asiática num primeiro momento, estendendo-se consequentemente para o âmbito global. Logo, são consequências desta conjuntura o crescente ativismo da China em favor da reforma de organismos internacionais; a maior projeção de sua liderança na configuração de importantes mecanismos de integração regional asiáticos e euro-asiáticos; o apoio prestado aos novos arranjos financeiros multilaterais; a potencialização de sua participação em coalizões diplomáticas de viés reformista; dentre outras tantas movimentações relevantes que desafiam o *status quo* internacional das últimas décadas.

Evidentemente, tal proatividade não responde a simples impulsos voluntaristas ou, como alguns fazem crer, a meras posturas contestatórias ou revisionistas, mas ao reflexo da complexa e dialética relação entre o interno e o externo, o global e o nacional, inerentes às orientações de uma sólida *estratégia de desenvolvimento nacional* arquitetada e implementada durante décadas. Assim, não é trivial a observação de que, sob as bases políticas e produtivas estabelecidas pela revolução, a partir das políticas de Reforma e Abertura na década de 1970, a China tenha logrado atingir impressionantes resultados socioeconômicos, tecnológicos e institucionais. Aliás, a mobilidade social e a erradicação da pobreza extrema talvez esteja entre os mais notáveis feitos políticos da contemporaneidade, afinal, em cerca de quatro décadas, mais de 800 milhões de chineses foram retirados da condição de vulnerabilidade social, o que corresponde a aproximadamente 70% do contingente populacional mundial retirado desta situação nesse mesmo período.

Nesse sentido, o fio condutor desta obra é traçar um panorama geral do longo e tortuoso processo de transição do Século de Humilhação à reconstrução nacional, dando ênfase à atual etapa de assertividade da política externa chinesa, que tem como epicentro a proposição e a implementação da Nova Rota da Seda. Nosso entendimento é de que tal processo fornece os principais elementos que forjam a atual escalada de reações diplomáticas e militares dos Estados Unidos a nível global, dando contornos claros a uma rivalidade estruturante para a conformação dos rumos da nova ordem global em gestação. Afinal, a Nova Rota da Seda é fruto das próprias necessidades chinesas de criação de demanda para a supercapacidade ociosa de sua indústria nacional, do estabelecimento de alternativas para os dilemas securitários do país – a exemplo da vulnerabilidade de suas fontes de suprimento energético e de matérias-primas vitais –, do fortalecimento dos processos de internacionalização das empresas chinesas e exportação de serviços nacionais, bem como de maior presença em redes de comércio internacional. Por um lado, o papel gravitacional geoeconômico e geopolítico da China no mundo representa o embrião de um processo de globalização alternativo àquele baseado no neoliberalismo, que há décadas é liderado por Washington. Por outro, constitui o motor que aguça a rivalidade com os Estados Unidos, a grande potência declinante frente ao seu principal desafiante no sistema internacional.

Sem compreender essa intrincada rede de relações, dificilmente um país que aspire, em pleno século XXI, construir uma estratégia adequada de desenvolvimento conseguirá se posicionar internacionalmente de forma adequada para responder aos influxos desses complexos desafios. Contribuindo para esse debate vital, esta obra sistematiza anos de pesquisas sobre as temáticas da inserção global da China contemporânea e, mais especificamente, da sua principal iniciativa internacional voltada à potencialização de laços comerciais e à integração intercontinental de infraestrutura, a Nova Rota da Seda.

Assim, ao longo do livro serão tratadas questões relativas à Nova Rota da Seda em suas dimensões marítima e terrestre; o caráter das relações da China com outros países e regiões da periferia do sistema mundial; os principais desafios securitários que permeiam a ascensão chinesa; as razões e o sentido da rivalidade sino-estadunidense; os conflitos entre o poder central chinês e grupos separatistas em Xinjiang, Hong Kong e no Tibete; dentre outros temas centrais.

A envergadura e a importância da China na atual ordem mundial não estão em compasso com o nível de conhecimento sobre o assunto no Brasil. Apesar da Nova Rota da Seda envolver mais de 150 países e diversas organizações multilaterais, ainda é enormemente desconhecida e ignorada pelo público brasileiro e até mesmo por setores intelectuais especializados em temáticas vinculadas às relações internacionais. Assuntos correlacionados, tais como a consolidação da Organização para a Cooperação de Xangai (OCX), que dentre os países-membros conta com nada menos do que quatro potências com capacidade militar nuclear e dois países com assento permanente no Conselho de Segurança da ONU, igualmente recebem pouca cobertura da produção bibliográfica e acadêmica, com um *status* de problemática de pesquisa claramente aquém de sua importância real para o entendimento da política global. A Parceria Econômica Regional Abrangente (RCEP), maior bloco comercial do mundo, também recebe cobertura incompatível com sua importância.

O misto de etnocentrismo, desinteresse e desinformação ao se tratar da China e assuntos afins não gera apenas omissão, mas também graves lacunas para o entendimento das atuais potencialidades de adoção de estratégia o desenvolvimento nacional e a inserção internacional de nosso país nesse mundo marcado por um quadro de profundas mudanças sistêmicas. E cada vez mais parece que parte importante das elites brasileiras fortalece as raízes que orientam seu pensamento para os Estados Unidos, ao tempo em que os seus passos futuros e estabilidade dependem cada vez mais da China. Em síntese, é imperativo compreender que o eixo de acumulação e formulação política do mundo se desloca gradualmente do Atlântico Norte para a Bacia do Pacífico, e o núcleo desse processo é a irrefreável ascensão da China. Diante da transição em curso, expressada em profundas mudanças geoeconômicas e geopolíticas, o Brasil precisa se reencontrar com sua história e seu potencial, almejando um projeto nacional e uma estratégia de inserção internacional compatíveis com sua estatura. Sem dúvidas, olhar com mais atenção para a China, como um capítulo singular do sucesso de estratégias de fortalecimento de um país em desenvolvimento, pode ajudar a iluminar o encontro do Brasil consigo mesmo.

Entendemos que a obra tende a contribuir para o preenchimento de uma lacuna de materiais sobre o assunto em língua portuguesa. Optamos por fazer um livro de leitura acessível, elencando ao longo do texto algumas referências bibliográficas como indicação de aprofundamento. Enfim, trata-se de um material tanto voltado para introduzir aos estudos sobre a China quanto para fomentar novas pesquisas sobre temas candentes de nossa época.

1 O HISTÓRICO DA RECONSTRUÇÃO NACIONAL CHINESA E SEUS DESAFIOS

Entender a China de hoje requer um olhar profundo sobre sua trajetória histórica. Uma civilização milenar, tão longeva quanto próspera. Por séculos, capazes de sustentar impérios de grandes proporções com uma estabilidade burocrática notável e ampla capacidade de mobilização de recursos para grandes obras públicas. Cumpriu historicamente o papel de centro fundamental do processo civilizador, englobando diversos grupos étnicos e culturais, bem como de epicentro geoeconômico e geopolítico, moldando os pilares que constituíram um verdadeiro *sistema sinocêntrico*. E nesse longo trajeto, a China carregou consigo as tumultuadas transições dinásticas e inédita continuidade histórica, com desdobramentos fundamentais para a compreensão de sua abrangência territorial, étnica e cultural contemporânea.

Nesse sentido, torna-se crucial, num primeiro momento, buscar entender o porquê de tal civilização ter sucumbido às agressões do imperialismo ocidental ao longo do século XIX, nos marcos da conformação do moderno sistema internacional. Da Primeira Guerra do Ópio (1839-1842) até a revolução de 1949, a China enfrentou o que se convencionou chamar de Século de Humilhação. A desagregação do império da Dinastia Qing e a proclamação da república em 1912 culminaram na potencialização das contradições políticas e sociais que permitiriam o subsequente triunfo da revolução socialista, em 1949, cujo papel transcende os marcos do seu caráter socializante, se entrelaçando com um grande movimento de *reconstrução nacional*. Desde então, este processo tem sido marcado por inúmeras contradições, sobressaltos e correções de rumos. A passagem da Revolução Cultural para a política de Reformas de Aberturas ilustra a capacidade chinesa de retificar orientações, preservar heranças e experimentar novos desafios. Aliás, sob a atual liderança de Xi Jinping, tudo indica que a China está "encurtando as rédeas" do mercado e fortalecendo as capacidades e os valores do Estado e do partido, voltando a avançar em sua perspectiva socializante já em condições materiais superiores a outrora.

Nesse sentido, esta seção traça as linhas gerais da longa marcha que permitiu à China superar o Século de Humilhação; estabelecer os fundamentos da reconstrução nacional com Mao Tsé-Tung; ensejar um posterior ciclo de modernização e prosperidade sob a liderança de Deng Xiaoping; e chegar ao seu atual estágio de desenvolvimento e projeção global, com grandes desafios a serem enfrentados, incluindo a consecução de seus ambiciosos programas e metas. Não menos importante, o capítulo traz notas acerca de como o governo chinês tem enfrentado questões difíceis para um país com tamanha complexidade histórica e territorial, como o dilema energético-ambiental. Entender este breve panorama da reconstrução nacional chinesa é também central para assimilar os elementos de ruptura e continuidade da inserção internacional da Nova China desde seus primeiros passos até o atual estágio, o qual detalharemos posteriormente com especial atenção ao seu principal projeto, a Nova Rota da Seda.

1.1 A memória do Século de Humilhação

A expansão marítima europeia iniciada na virada do século XV para o XVI representou o início de um importante processo que forneceu as bases para a conformação do moderno sistema mundial. A partir dela, a Europa Ocidental veio a se tornar o epicentro do sistema mercantil em escala global, colonizando e impondo sua lógica a vastas áreas territoriais. Mesmo impérios longevos e complexos viriam a sucumbir, nos séculos subsequentes, a essa expansão, dentre os quais, por exemplo, o Império Otomano. Dessa forma, os saltos produtivo e tecnológico representados pela Revolução Industrial forjaram os elementos que permitiram a potencialização da integração mundial sob o domínio do capitalismo ocidental.

Um dos mais notáveis dentre os impérios de então, o da Dinastia Qing, na China, também foi submetido à lógica entrelaçada do colonialismo e do imperialismo no século XIX[1]. A consequência do enfraquecimento do Império foi o desmantelamento do sistema sinocêntrico que havia imperado na Ásia durante séculos. Assim, deu-se início ao que os chineses chamam até os dias de hoje de Século de Humilhação, cujo início remonta à Primeira Guerra do Ópio (1839-1842), encerrada pelo assimétrico Tratado de Nanquim. Até então, o único ponto comercial significativo da grande potência mundial da época, a Grã-Bretanha, com a China se concentrava no porto de Cantão (Guangzhou), repleto de restrições aos interesses ocidentais, com altas taxações e monopólios de comerciantes chineses sobre transações, afetando a sede de riqueza dos britânicos.

Desde 1773, o governo inglês havia outorgado à Companhia das Índias Orientais o direito de exclusividade na venda de ópio e, a partir

1. Para um histórico do imperialismo, ver PAUTASSO, Diego. **Imperialismo: ainda faz sentido na Era da Globalização?** São Paulo: Cultura, 2022.

de 1793, também para a produção da droga. E ainda que a comercialização do produto fosse expressamente proibida na Grã-Bretanha, sujeita a rigorosas punições, era nas adjacências dos seus domínios coloniais onde processava sua circulação. Proibido havia mais de um século na China, o ópio chegava ilegalmente ao país a partir do território da Índia, então colônia britânica. Tal manobra servia diretamente aos interesses ingleses, na medida em que driblava as restrições comerciais impostas pela China e viabilizava a maior aquisição de seda e chá, regularmente trocados pelo ópio.

E foi a resposta chinesa contra tal ilegalidade, em defesa de sua soberania, que forjou o pretexto para o desencadeamento das hostilidades da Grã-Bretanha: logo após ter sido emitido decreto de bloqueio das feitorias britânicas em Cantão, com desbloqueio condicionado ao fim do comércio ilegal de ópio, os ingleses declararam intervenção armada contra os domínios dos Qing. Mesmo com meios limitados na região, a esquadra britânica penetrou no território a partir do Yangtzé, derrotando as milícias provinciais da dinastia manchu, cuja prioridade foi manter as principais colunas de seu exército em Pequim. Frente ao rápido avanço britânico, os Qing recuaram em seu afã de deter os ocidentais, rebaixando-se aos seus interesses com a assinatura do vexatório Tratado de Nanquim, em 29 de agosto de 1842.

Além de impor a inserção definitiva do território chinês no âmbito do tráfico de ópio em escala global, a Grã-Bretanha determinou um conjunto de sanções, incluindo indenizações aos traficantes de ópio. Ademais, o Tratado de Nanquim resultou na abertura de cinco portos chineses ao comércio ocidental, incluindo os de Cantão e Xangai. Além do acesso comercial direto à população nestas cidades portuárias, os ingleses também passaram a ter privilégios, tais como o acesso a um tribunal especial para o julgamento de seus delitos, a ser dirigido pelo consulado britânico. Nessa mesma linha, os tributos aduaneiros chineses tiveram estipulado um limite de 5% sobre o valor dos produtos, e Hong Kong tornou-se oficialmente uma colônia inglesa. No entanto, seguiram persistindo as restrições à representação diplomática em Pequim e ao interior do território chinês.

Claramente, os resultados da Guerra do Ópio ilustram bem o que representou em escala global a cruzada ocidental em defesa do livre-comércio e do conjunto dos sustentáculos do liberalismo e do capitalismo. Diferentemente do que retrata sua autoimagem, ao falarmos sobre a ascensão internacional do liberalismo político e econômico mais devemos tratar sobre o aprofundamento do imperialismo, o estalar de guerras e a imposição de tratados desiguais do que do triunfo da democracia, do sufrágio universal e de direitos civis[2].

Foram tais chantagens e privilégios obtidos pelos ingleses por meio da guerra que abriram um longo precedente utilizado nas décadas subsequentes pelas potências interessadas em estabelecer maior espaço comercial e político diante da fragilizada Dinastia Qing. Durante os inacabáveis anos do Século de Humilhação, o país teve de enfrentar um brutal saqueio às suas riquezas, uma série de catástrofes naturais, sequenciais agressões militares estrangeiras e o aprofundamento e a reincidência de atividades missionárias e religiosas estrangeiras no interior de seu território. A era dos tratados desiguais foi inaugurada pelo Tratado de Nanquim, junto dos britânicos, mas seria complementada por dezenas de outros com concessões tão onerosas quanto o primeiro, envolvendo também a França, a Rússia, a Alemanha, os Estados Unidos, o Japão e demais países. Estas, valendo-se da parca soberania da dinastia manchu, lograram maximizar suas esferas de influência no até então impenetrável Império do Meio.

2. Discutimos a relação entre liberalismo e imperialismo no artigo: PAUTASSO, Diego. EUA, liberalismo e imperialismo: uma leitura a partir de Losurdo. **Tensões Mundiais**, v. 16, p. 143-164, 2020.

Nessa esteira, as agressões externas se conjugaram com uma prolongada crise política interna, provocando explosões de revoltas sociais, dentre as quais se destacou a chamada Revolução Taiping (1851-1864). De caráter messiânico e defensora do restabelecimento de uma dinastia propriamente chinesa, e não mais de hegemonia manchu, a revolução logrou estabelecer o controle direto sobre parte expressiva do território nacional. Estabeleceu a capital dos seus domínios em Nanquim ainda em 1851, emulando a opção de dinastias chinesas de outrora. Dessa forma, capitalizou a revolta contra a dominação estrangeira, incluindo nesta a dos próprios manchus, tendo no seu líder Hong Xiuquan o baluarte de uma visão sincrética do cristianismo, e estabelecendo um Estado baseado em políticas distributivas e num viés teocrático e milenarista. E ainda que tendo a feroz ofensiva de sua liderança parcialmente freada em 1855, manteve por cerca de mais de dez anos o comando de Nanquim e diversas zonas do território nacional, desgastando ainda mais a já fustigada Dinastia Qing.

Foi nesse ínterim que as grandes potências puderam operar novo avanço em suas pretensões no Extremo Oriente, visando aprofundar ainda mais seus domínios político e econômico, superando a abertura limitada resultante dos anos posteriores à Primeira Guerra do Ópio. Nesse sentido, iniciaram intervenção militar unificada contra os manchus em 1858, avançando rapidamente contra os domínios Qing e logrando, em 1860, a tomada da capital Pequim. Dando fim a este episódio, conhecido como a Segunda Guerra do Ópio (1856-1860), foi assinada em 1860 a Convenção de Pequim, ratificando os onerosos tratados de Tianjin e de Aigun, ambos datados de 1858. Nesses tratados, foi garantida a abertura de onze novos pontos comerciais às potências agressoras em território chinês; a abertura do Yangtzé para suas expedições em caso de derrota da Revolução Taiping; a possibilidade de residência permanente para missionários estrangeiros no interior; a concessão de extraterritorialidade, envolvendo direitos criminal e civil para os cidadãos dos países agressores; e a abertura de representações diplomáticas estrangeiras em Pequim.

A partir de então, a manutenção e a sustentação da fraca e desgastada dinastia manchu passou a se entrelaçar com o avanço dos interesses espoliativos das grandes potências. Foi o caso do apoio militar recebido pelos Qing para abafar a Revolução Taiping derrotada em julho de 1864. Nesse sentido, consolidaram-se as concessões de direitos e privilégios, tais como a abertura de portos ao comércio ocidental ao longo da costa chinesa, nas ilhas de Taiwan e Hainan, e ao longo do rio Yangtzé, crucial para a penetração do território chinês. Consequentemente, a Dinastia Qing manteve seu poder formal, mesmo que tendo seu território amputado por uma série de tratados desiguais impostos a cada nova derrota ou ameaça perante nações militarmente superiores.

Paralelamente, desde o período logo após a Segunda Guerra do Ópio foi iniciado um movimento que visava modernizar o país a partir da própria Dinastia Qing, para enfrentar os dilemas contemporâneos com que se deparava. Liderados por Li Hongzhang, os mandarins reformistas denominaram tal processo como Movimento de Autofortalecimento, mas viram seus avanços serem estagnados pelo conservadorismo paralisante da Imperatriz Cixi. Tais intentos reformistas caminhavam em consonância com as observações acerca do desenvolvimento de potências que, mesmo retardatárias no âmbito geral das revoluções industriais, vinham logrando substanciais avanços em termos econômicos e militares, especialmente os Estados Unidos, a Rússia e o Japão da Revolução Meiji.

Mas o panorama de debilidade foi aprofundado, principalmente diante das repercussões da Primeira Guerra Sino-Japonesa (1894-1895). Este conflito não apenas assinalou um grande passo dado pelo Japão em seu intento de buscar a afirmação como uma potência mundial, como também reforçou a debilidade do império chinês, que, com o Tratado de Shimonoseki, deixou de exercer ascendência sobre a Península Coreana, perdeu sua soberania sobre Formosa e a península de Liaodong, na Manchúria, e teve de pagar pesadas indenizações aos vencedores. Com a derrota para os japoneses, o reformismo tomou maior impulso. Logo na sequência do desfecho do conflito, o Imperador Guangxu assumiu no lugar da conservadora Imperatriz Cixi, implementando um programa de restauração iniciado pelos "100 dias de reforma". No entanto, Cixi rearticulou sua base política e depôs o governante reformista ainda em 1898, paralisando novamente os intentos de avanços modernizantes.

Tal contexto de caos propiciou o ambiente propício para a eclosão de um conjunto de revoltas entre 1899 e 1901, conhecidas como parte da chamada Rebelião dos Boxers, decorrente de um movimento social originário da cultura camponesa profundamente enraizada na China, combinando elementos religiosos, tradicionalistas e antielitistas. Assim, o foco recaiu sobre a destruição da dinastia e também dos ocidentais que tinham posições privilegiadas na China. Em face da desordem completa, as grandes potências recorreram ao uso da força, ocupando Pequim sob a chamada Aliança das Oito Potências (o Império Austro-Húngaro, a França, a Alemanha, a Itália, o Japão, a Rússia, o Reino Unido e os Estados Unidos). Ao adentrar em Pequim com suas tropas para salvar estrangeiros e cristãos sitiados pelos revoltosos, acabaram por ampliar suas conquistas econômicas e territoriais diante dos Qing. Foi nesse contexto que Alemanha e Rússia conseguiram estabelecer protetorados em território chinês.

Sinteticamente, a consolidação do panorama catastrófico do Século de Humilhação representou a contínua incursão militar, política e econômica das potências estrangeiras no território e no cotidiano do povo chinês, amplificando a situação de deterioração dos meios de vida do conjunto da população. Desde a Primeira Guerra do Ópio (1839-1842), sucessivas agressões militares das grandes potências resultaram em pesadas perdas para os domínios da Dinastia Qing, tais como na Segunda Guerra do Ópio (1856-1860); na Guerra Russo-Chinesa (1858); na Guerra Franco-Chinesa (1884-1885); na Guerra Sino-Japonesa (1894-1895); e na Guerra Sino-Alemã (1898). O conjunto destas incursões resultaram nas concessões diretas de Hong Kong para o domínio britânico, de Shandong para os alemães e de Taiwan para os japoneses. Paralelamente, cidades portuárias e litorâneas tais como Xangai, Fuzhou, Cantão e outras mais passaram a ter suas alfândegas controladas pelos estrangeiros, e as vias fluviais chinesas foram abertas para a penetração da influência forasteira no seu vasto interior. Assim, foi ampliada a espoliação colonial das potências perante a China, que séculos antes já havia perdido Macau para Portugal, em 1557.

As reações de cunho reformista ou insurrecional à situação semicolonial foram consequência natural deste processo, antagonizando o *status quo* que entrelaçou o atraso da hegemonia semifeudal dirigida pela dinastia manchu com os interesses parasitários das grandes potências em solo chinês. E foi dessa simbiose entre revoltas espontâneas contra a deterioração dos meios de vida e o avanço da dominação estrangeira, por um lado, com a inspiração reformista envolvendo parte da alta cúpula política nacional, por outro, que nasceram os fundamentos do movimento que viria a derrotar a prolongada hegemonia dos manchus e, por fim, o longevo período imperial. Sob a liderança de Sun Yat-Sen, os reformistas lograram dirigir a Revolta de Wuchang, em 1911, destronando o Imperador Puyi no ano seguinte e instaurando a República da China, cujo primeiro presidente seria o próprio Sun Yat-Sen. Dessa forma, foi finalizado o longo período de domínio da dinastia manchu, no poder ininterruptamente desde 1644.

Em suma, a queda da Dinastia Qing representou relevante capítulo da luta contra a dominação imperialista na China, na medida em que a manutenção do fragilizado governo imperial servia aos interesses estrangeiros, facilitando a política de sequencial extorsão política, econômica e territorial em curso. No entanto, a ascensão do movimento nacionalista e republicano representado pelo Kuomintang não foi suficiente para firmar o país nos rumos de uma ruptura com sua situação semifeudal e semicolonial. Assim, foram mantidos os interesses dos senhores de guerra e dos latifundiários feudais, por um lado, e dos direitos especiais das potências imperialistas, por outro. Além do mais, tal contexto acirrou a tendência de descentralização do poder, na medida em que distintas partes do país não mais se submetiam às autoridades centrais, aumentando a imprevisibilidade dos acontecimentos.

Ao longo da Primeira Guerra Mundial, a China republicana declarou apoio aos esforços de guerra da Entente, crente de que uma vitória do bloco poderia resultar numa eventual atenuação das pesadas submissões às quais estava submetida. Paralelamente, contava com o apoio dos aliados para sustar a ofensiva japonesa contra sua soberania, na medida em que os nipônicos declararam as chamadas Vinte e Uma Exigências, a serem cumpridas para que não fosse decretada nova incursão militar contra seu território. Dentre elas, constava a tomada das concessões dos alemães na China, incluindo as da província de Shandong.

E ainda que os Estados Unidos fossem resistentes, priorizando uma política da abertura irrestrita, a chamada política de "portas abertas", contrária às concessões políticas e comerciais exclusivas aos países que detinham concessões, a apresentação pelo Japão dos acordos secretos de 1915 assinados junto do dirigente chinês Yuan Shikai – que nesse mesmo ano buscou restabelecer a monarquia na China – bastaram para os estadunidenses recuarem. Logo, o resultado da Conferência de

Versalhes, de 1919, foi a recusa de atender as demandas anticolonialistas chinesas. Ainda que atenuadas, foram cumpridas grande parte das exigências colonialistas japonesas perante a China, agora com apoio da França, da Grã-Bretanha e da Rússia, que também avançaram sobre possessões anteriormente em mãos da Alemanha.

Com a divulgação da nova ofensiva colonialista chancelada pela Conferência de Versalhes, os ânimos da população chinesa foram aguçados, culminando em violentas manifestações contra a dominação estrangeira. Foi o estopim para o chamado Movimento 4 de Maio, alusivo à data de divulgação do posicionamento, iniciado com manifestação que reuniu milhares de intelectuais na Praça da Paz Celestial, e se estendeu com a tomada de Cantão pelo Kuomintang, estabelecendo a chamada República do Sul da China. Inegavelmente, o Movimento 4 de Maio foi um ponto de virada na transformação da política chinesa, pois impulsionou e influenciou as lutas anti-imperialistas, a subsequente fundação do PCCh em 1921 e o espraiamento de rebeliões e manifestações por diversas regiões do território nacional.

Para além do conturbado contexto nacional, os influxos da revolução russa de 1917 também foram fundamentais para a fundação do PCCh, que inicialmente orientou sua estratégia para uma aliança com o Kuomintang, em defesa do rompimento com os resquícios coloniais e feudais no país, visando o estabelecimento de uma revolução democrático-burguesa capaz de superar as condições pré-capitalistas na China. As boas relações dos comunistas com Sun Yat-Sen facilitaram tal estratégia até 1925, quando ele faleceu e Chiang Kai-Shek passou a dirigir o Kuomintang. Nessa esteira, Chiang cedeu às pressões das classes dominantes locais e aderiu à tática de isolar os comunistas no interior da coalizão, expulsando os assessores soviéticos do país em 1926 e estabelecendo perseguição e política de aniquilamento dos comunistas a partir de 1927.

Contudo, paralelamente, o imperialismo japonês ampliou sua ofensiva regional às custas da China. Em 1931 os nipônicos invadiram a Manchúria, onde estabeleceram o Estado fantoche de Manchukuo, impondo o antes deposto imperador chinês Puyi como seu dirigente. O domínio sobre a Manchúria permitiu ao Japão controlar enorme reserva de recursos naturais para sustentar seu acelerado processo de industrialização, bem como um ótimo ponto de partida para o posterior avanço militar sobre outras zonas do território chinês. Em 1935, os japoneses impuseram ao Kuomintang a cessão de soberania da província de Hebei e de parte da Mongólia Interior, e em 1937, enfim, deram início à Segunda Guerra Sino-Japonesa (1937-1945). A superioridade militar japonesa fez com que rapidamente o Japão passasse a controlar os principais portos, a maioria das principais cidades do leste e da costa chinesa, além das mais importantes ferrovias. Zonas fundamentais para a China, tais como as cidades portuárias de Tianjin e Xangai, e a capital Nanquim, caíram em mãos japonesas ainda em 1937 – sendo a tomada da última uma consequência do traumático Massacre de Nanquim, que vitimou fatalmente cerca de 300.000 chineses. Em 1938, Cantão e Qingdao se somaram às conquistas japonesas.

Paralelamente, no plano interno, alterava-se a correlação de forças do conflito entre nacionalistas e comunistas. Ainda em 1934, o PCCh deu início à chamada Longa Marcha, já tendo à sua frente a liderança de Mao Tsé-Tung. Desde então, fortaleceu suas bases no interior do país, estabelecendo uma linha política com foco no recrutamento de grandes contingentes provenientes do campesinato, a partir do impulsionamento de uma agenda em prol da reforma agrária e da dissolução dos principais mecanismos de dominação de classe no campo. Ainda assim, o contexto mais amplo da Segunda Guerra Mundial e do confronto com os japoneses levou ambos os lados da guerra civil para uma trégua, com o estabelecimento da Segunda Frente Única, antijaponesa, em favor da retomada da soberania do país.

Consequentemente, os chineses não cederam e a guerra se prolongou para muito além das expectativas japonesas. Os bem-sucedidos métodos de guerrilha dos comunistas, organizados em vastas áreas rurais, permitiram atacar os japoneses por trás de suas linhas militares. Apesar das dificuldades de êxito da Frente Única, que contou com diversas escaramuças divisionistas protagonizadas na relação entre comunistas e nacionalistas, a rendição japonesa ocorreu em setembro de 1945, já na esteira da detonação das bombas nucleares em Hiroshima e Nagasaki pelos Estados Unidos.

A retirada japonesa do país pôs fim aos fundamentos que sustentavam a precária Frente Única, desembocando no prolongamento da guerra civil até 1949. Num primeiro momento, da rendição até fins de 1946, a lógica do confronto foi pela disputa dos territórios evacuados pelos japoneses. A partir de 1947, os comunistas começaram a estabelecer maior supremacia, conquistando uma série de vitórias esmagadoras que culminaram no estabelecimento da República Popular da China em 1949, sob a direção do PCCh e a liderança de Mao. Com isso, o Kuomintang de Chiang Kai-Shek se deslocou para Taiwan, onde manteve erguidas a bandeira e o nome da República da China, fundada em 1912.

Na memória chinesa, portanto, a Revolução pôs fim ao Século de Humilhação (1839-1949) e às consequentes invasões estrangeiras, caos doméstico, amputação territorial, descentralização política, eclosão sequencial de guerras civis, espraiamento da fome e da miséria, além da disseminação do vício da população em drogas como o ópio. E, indubitavelmente, a memória do *holocausto chinês* e de inúmeros eventos trágicos como o Massacre de Nanquim impactam até os dias de hoje a compreensão da população e do país acerca dos rumos de suas próprias políticas de desenvolvimento nacional e inserção internacional. A partir do gradual processo de enfraquecimento e desarticulação da Dinastia Qing, se abriram margens para que rebeliões, crises políticas e sucessivas intervenções e agressões de potências europeias e do Japão consolidassem um ciclo de enorme agonia para a população chinesa. Sem atentar para esses aspectos, se torna impossível a compreensão dos distintos temas e dilemas que cercam a China na atualidade, que vão desde a incansável prioridade concedida ao desbaratamento dos movimentos separatistas de distintas regiões, passando pela rejeição às intromissões das grandes potências ocidentais nos assuntos domésticos chineses ou em litígios pertinentes às regiões do seu entorno territorial imediato.

1.2 A revolução socialista e os primeiros passos da reconstrução nacional

A complexa reconstrução nacional do país envolveu um longo processo de resistência e articulação de forças políticas e sociais iniciado ainda durante a desarticulação da Dinastia Qing. Estas inúmeras revoltas foram a antessala da vitória da posterior revolução socialista de 1949, assinalando o fim do Século de Humilhação e o surgimento da Nova China independente. Por isso, seus objetivos ultrapassaram aqueles meramente intrínsecos ao caráter socialista da revolução, pois o sinuoso processo de reconstrução nacional inclui a reorganização econômica, institucional e territorial. Para além dos eixos socializantes de sua orientação programática, a instauração da República Popular da China (RPC), em 1949, representou uma ruptura histórica.

A restauração da integridade territorial passava por retomar o controle sobre as zonas onde a autoridade política do governo central havia perdido força, tais como o Tibete e Xinjiang, bem como aquelas amputadas por meio de tratados desiguais, incluindo a já recuperada Manchúria, além de Hong Kong e Macau. A única exceção dizia respeito à Mongólia Exterior, que logo após a revolução de 1949 estabeleceu relações diplomáticas com a China e teve reconhecida a sua independência conquistada décadas antes, na condição de República Popular da Mongólia.

Somando-se à extensa lista de reivindicações territoriais desse complexo processo de reunificação da China, constava também Taiwan. Perdido desde 1894 para os japoneses, e agora sob o comando das unidades remanescentes do Kuomintang, passou a reivindicar a direção da República da China, capitalista, a partir da ilha. Além disso, permaneceram os imbróglios referentes às demarcações de fronteiras com os vizinhos, tanto nas extensas faixas fronteiriças com a União das Repúblicas Socialistas Soviéticas (URSS) e a Índia quanto nas próprias disputas envolvendo ilhas nos mares orientais e meridionais da China.

Consequentemente, os dirigentes chineses tinham em suas mãos uma grande tarefa histórica articulada, inevitavelmente, com o contexto mais amplo das relações não apenas com os países vizinhos, mas com as grandes superpotências mundiais antagonistas durante a Guerra Fria. Nesse sentido, ainda que pudesse haver um entendimento propício para a adoção de certa neutralidade no conflito bipolar, a própria natureza dos acontecimentos moldou a diplomacia chinesa de acordo com o quadro de projeção dos Estados Unidos e da União Soviética e seus desdobramentos regionais. Afinal, não apenas na China, mas também na Península Coreana e na Indochina, as lutas de libertação nacional diante da subjugação imperialista ocorreram com apoio soviético e sob orientação socialista.

Dessa forma, se no âmbito nacional o governo chinês já demonstrava agudamente seu alinhamento com a perspectiva comunista, em consonância com o marxismo-leninismo aclimatado às condições chinesas pelo PCCh, já nos eventos da Guerra da Coreia (1950-1953) passou a orientar os seus passos no cenário internacional em compasso com os avanços do campo socialista. Afinal, o formato agressivo de condução das forças imperialistas e sul-coreanas pelo General MacArthur consolidou um cenário no qual os conflitos da Península assumiram explícito entrelaçamento com a contenda sistêmica mais ampla da Guerra Fria. E, para além dos vínculos ideológicos que uniam os chineses aos norte-coreanos, a ultrapassagem do Paralelo 38 pelas tropas estadunidenses colocava a integridade territorial chinesa em risco, numa situação agravada pelas ameaças nucleares de MacArthur, caldo que impulsionou a tomada de lado da China e o subsequente envio inicial de cerca de 300.000 soldados aos campos de batalha, que chegariam a engajar algo próximo de 700.000 voluntários chineses. Também fundamental para a entrada da China na contenda, a decisão de Truman de enviar a Sétima Frota para o estreito de Taiwan freou a possibilidade de uma ofensiva comunista sobre o último reduto dirigido pelo Kuomintang.

O conflito na Península Coreana foi o de maior proporção do pós-guerras mundiais, vitimando cerca de 3 milhões de pessoas e com envolvimento de 26 países e mesmo das Nações Unidas nas operações. Desde a desintegração de seus domínios imperiais, foi a primeira demonstração externa de força da China, que colocou à prova o novo poder constituído sob liderança de Mao e do PCCh. Nesse evento, Washington testou os limites de sua hegemonia no Extremo Oriente, bem como o peso de seu arco de alianças para sustentar uma vantagem estratégica no quadro da bipolaridade da Guerra Fria, ao tempo em que inaugurou uma longa era de operações militares sem reconhecimento jurídico, que mais tarde viriam a ser encobertas pelas eufemísticas intitulações de "operações de estabilização" ou "intervenções humanitárias".

Evidentemente, o próprio perfil político e ideológico do governo chinês não estabelecia qualquer atração para os interesses estadunidenses na região. Esse distanciamento foi ampliado, consequentemente, pelas rusgas decorrentes da Guerra da Coreia e pelo próprio ativismo internacional socialista do país oriental. Pequim passou a exercer influência junto aos partidos estrangeiros vinculados com a causa socialista, e adeptos de um marxismo-leninismo de orientação mais radicalizada e mesmo insurrecional. Assim, o conflito pela retomada territorial de Taiwan, onde os resquícios do Kuomintang reivindicavam dirigir a República da China, se aprofundou nas contradições da Guerra Fria, com os Estados Unidos assumindo franco protagonismo nas operações de respaldo político e militar para tal prática divisionista. Daí o amplo reconhecimento diplomático logrado por Taiwan, envolvendo o fato de ter assumido durante décadas um posto permanente no Conselho de Segurança da ONU, representando a China.

Ao longo dos anos seguintes, foi essa aguda contradição entre os interesses da China continental e o divisionismo de Taiwan que alimentou eventos tais como as duas grandes crises do Estreito de Taiwan – a primeira envolvendo a reivindicação chinesa pelas ilhas Quemoy e Mazu, em 1954, e a segunda quando da instalação dos sistemas de mísseis estadunidenses MGM-1 Matador na ilha, em 1957. Em ambas as situações, a ameaça de bombardeio nuclear pelos estadunidenses foi suficiente para forçar o recuo das pretensões de Pequim, com a redução das pressões diplomáticas e militares tanto para restaurar a soberania sobre a ilha quanto pela retirada do sistema de mísseis de Taiwan.

Nessas duas crises, as limitações políticas chinesas estiveram entrelaçadas com suas próprias dificuldades militares. Além de recém ter saído de dois prolongados conflitos armados – o da guerra antijaponesa e o da guerra civil –, o país dependia do guarda-chuva nuclear soviético para sustar as ameaças. Todavia, a União Soviética se inclinava diplomaticamente para a coexistência pacífica e o abrandamento do custoso conflito bipolar. Isso evidenciava a progressiva inviabilização de sua dependência militar diante dos soviéticos, com os quais tinha assinado acordos de cooperação econômica e militar ainda em 1950.

Essa situação se agudizou em função da disputa ideológica no interior do bloco socialista internacional. Desde o XX Congresso do Partido Comunista da União Soviética (PCUS), ocorrido em 1956, as críticas de Kruschev ao legado de Stalin e a adoção pelos soviéticos de uma orientação em favor da "via pacífica ao socialismo" passaram a se chocar frontalmente com a concepção maoísta reinante no PCCh. Essa dissensão se fez sentir no movimento comunista internacional mundo afora, acentuando as divisões internas dos partidos comunistas entre os "revisionistas", favoráveis à linha recuada dos soviéticos, e os "revolucionários", que reivindicavam as figuras de Mao e Stalin como herdeiros da tradição marxista-leninista. Assim, o distanciamento entre Pequim e Moscou se aprofundou, levando o governo chinês a negar o ingresso no Pacto de Varsóvia em 1955, ao tempo em que enviava Zhou Enlai para prestigiar a Conferência de Bandung, já sinalizando a busca por atuar junto a um terceiro bloco de países, desafiando, assim, o panorama estático da bipolaridade estratégica.

Foram esses elementos que forjaram o momento propício para a execução de grandes mudanças na estratégia mais ampla de desenvolvimento nacional da China, bem como para o estabelecimento do cisma sino-soviético. No que tange à estratégia nacional, a segunda crise do Estreito de Taiwan evidenciou a insuficiência da aliança em voga com os soviéticos, especialmente no que tange à cooperação para obtenção de tecnologia militar nuclear. Nesse contexto, Pequim rompeu com o paradigma de priorização nos investimentos produtivos vinculados à indústria pesada e passou a alocar seus investimentos com maior peso para o setor militar. Quanto às relações com a União Soviética, tal entendimento se refletiu na suspensão dos acordos de cooperação nuclear entre os dois países em 1959, no posicionamento soviético desfavorável à China diante das escaramuças fronteiriças com a Índia, e no próprio conflito fronteiriço entre os dois gigantes socialistas que ocorreria anos depois, em 1969, resultante na potencialização da onipresente ameaça nuclear soviética à China.

Com efeito, a suspensão do acordo de cooperação nuclear entre Pequim e Moscou foi seguida pela implementação de um programa de desenvolvimento de tecnologia nuclear nacional, bem como pela adesão chinesa às metas de seu ambicioso Grande Salto Adiante. Neste, foi estabelecida a militarização do trabalho e a ampliação de grandes comunas camponesas no interior. O objetivo era o de fortalecer a implementação de inúmeras pequenas unidades siderúrgicas no campo, bem como a construção de grandes reservatórios de água, voltados a assegurar a consolidação de uma robusta indústria de defesa e, por extensão, o desenvolvimento de tecnologia militar própria.

Em termos militares, a China logrou parte de seus objetivos, realizando seu primeiro teste de bomba de hidrogênio em 1964, e adquirindo capacidade termonuclear em 1967. Entretanto, a redução da ênfase na produção de bens de consumo e da indústria pesada afetou a economia chinesa, incapaz de atingir as metas propostas e conformando um cenário que vitimou milhões de chineses pela fome. Esse fracasso no âmbito econômico e social custou a agudização da disputa interna no interior do PCCh, com os partidários de uma retomada do *status quo* anterior, dirigidos por Lio Shaoqi, próximo das orientações soviéticas, desafiando o controle de Mao e seus aliados sobre o partido. Foi esse o contexto que moldou o lançamento da Revolução Cultural, em 1966, aprofundando a perseguição política aos opositores do grupo maoísta sob alegação de combate ao revisionismo.

Internacionalmente, na década de 1960, a China aprofundou o engajamento junto aos países do Terceiro Mundo. Zhou realizou inúmeras viagens, estabelecendo apoio e suporte material para vários movimentos revolucionários, especialmente em Angola, Moçambique e Vietnã. Além do mais, Pequim também fortaleceu a oferta de ajuda internacional em condições vantajosas para uma série de países em desenvolvimento. Cabe notar que essa diplomacia voltada aos países periféricos foi um dos elementos decisivos para facultar o posterior processo de espraiamento do reconhecimento diplomático da República Popular da China e de consolidação de seu assento no Conselho de Segurança da ONU.

Sobre a política externa terceiro-mundista da China, a assertiva presença de Zhou Enlai na Conferência de Bandung deu início à transição do país da situação de potência exclusivamente asiática para a posição de potência afro-asiática. À época, a China logrou estabelecer aproximação com Nasser, obtendo reconhecimento diplomático junto ao Egito e, posteriormente, tomando parte da I Conferência de Solidariedade dos Povos Afro-Asiáticos, de 1957, no Cairo. Tal giro diplomático correspondia, à época, não apenas ao contexto da coexistência pacífica na ordem bipolar, mas também ao relativo congelamento das perspectivas revolucionárias no ambiente asiático, tornando a África e o Oriente Médio campos mais promissores para a sustentação de revoluções socialistas ou de libertação nacional.

Nos anos 1960, em consonância com os influxos da Revolução Cultural e da radicalização ideológica da China, o país aprofundou a orientação de diversificar suas relações externas para além das ordem bipolar, enfocando as relações com os países industriais não comunistas, com exceção dos Estados Unidos. Foi nesse sentido que estabeleceu relações com a França, em 1964, frente ao panorama de convergências entre Mao e De Gaulle no que dizia respeito às críticas contra a *détente* e ao tratado de proscrição de testes nucleares. A saga terceiro-mundista igualmente ganhou maior peso nas prioridades chinesas, ilustrada pela visita de Zhou Enlai a dez países africanos (República Árabe Unida; Argélia; Marrocos; Tunísia; Gana; Mali; Guiné; Sudão; Etiópia; Somália), três asiáticos (Birmânia; Paquistão; Ceilão) e ainda à Albânia socialista no curto período entre dezembro de 1963 e fevereiro de 1964. Paralelamente, se acirraram as disputas sino-indianas pelo protagonismo no Terceiro Mundo e nos seus principais fóruns, como a Conferência de Países Não Alinhados.

No entanto, essa aproximação com os países do Terceiro Mundo foi insuficiente para compensar a conjuntura de isolamento perante as duas superpotências. A China seguia excluída da ONU, onde Taiwan detinha representação permanente no Conselho de Segurança. No conflito fronteiriço com a Índia, em 1962, viu-se novamente com dificuldades de estabelecer pressões diplomáticas sobre o país vizinho. Em 1969, o acúmulo de rusgas com a União Soviética chegou a resultar em conflitos militares fronteiriços. E, por fim, a radicalização político-ideológica decorrente dos eventos da Revolução Cultural amplificou substancialmente as dificuldades chinesas de furar o bloqueio político e diplomático ao qual o país estava subjugado, enquanto a desorganização interna se aprofundava.

Foi esse cenário que impulsionou a manobra diplomática de aproximação com os Estados Unidos. Essa movimentação, materializada pela Diplomacia do Ping-Pong, teve início em 1971, com a retirada do embargo estadunidense à China, o ingresso do país na ONU e a consequente exclusão de Taiwan desta. No ano seguinte, em 1972, foi a vez de Nixon visitar a China, assim como o premier japonês Tanaka, refletindo uma visível mudança no paradigma de inserção internacional do país.

Em 1978, enfim, os Estados Unidos e a China estabeleceram relações diplomáticas formais, seguidas pelo rompimento das relações a nível de embaixada entre Washington e Taipei.

Tal inflexão sintetizou a interação entre um conjunto de grandes transformações na cena internacional e o paralelo desfecho das disputas políticas internas chinesas. A relativa paridade estratégica entre a União Soviética e os Estados Unidos, as mudanças regionais decorrentes da derrota estadunidense no Vietnã, a transição dos paradigmas produtivos globais, a ascensão econômica do Leste da Ásia (com o Japão e os Tigres Asiáticos) e os rearranjos de forças internas na China concorreram para esse realinhamento de sua inserção internacional.

Em 1974, Deng Xiaoping expôs na Assembleia Geral da ONU as teses de Mao Tsé-Tung intitulada Teoria dos Mundos, situando Estados Unidos e União Soviética no primeiro mundo, como as duas superpotências; o Japão, os países da Europa, o Canadá e demais países desenvolvidos no segundo mundo; a China, o restante da Ásia – com exceção do Japão –, a América Latina e a África conformando a periferia do sistema internacional, ou o Terceiro Mundo. Tal teoria fundamentava a centralidade legada ao protagonismo da China no interior do bloco terceiro-mundista, ensejando as necessárias aproximações com países do segundo mundo e as ressalvas com as movimentações das superpotências.

Esse realinhamento da inserção internacional chinesa, iniciado na década de 1970, teve grandes implicações nas posteriores reformas adotadas pelo país ao final da mesma década. Internamente, o país passou por mudanças dentro da continuidade, como a passagem, não sem traumas, do paradigma sectário da Revolução Cultural para o da modernização decorrente da Reforma e Abertura. Para além do discurso, é preciso buscar na cosmologia chinesa e no ajuste das estratégias do PCCh o entendimento e as ações da trajetória da China contemporânea, atendo-se às linhas de continuidade com o passado. Do contrário, não se compreende como tais heranças moldam a atual percepção política chinesa sobre sua soberania e rejeição à ingerência de potências hostis; sobre o imperativo do desenvolvimento planificado e vinculado à realização de grandes obras de infraestrutura; e sobre a própria integração de civilizações sob liderança da China sem o recurso do uso recorrente da força.

1.3 O caminho da modernização

A notável ascensão internacional chinesa tem coincidido com o processo de reorganização do sistema internacional. As políticas de Reforma e Abertura, lideradas por Deng Xiaoping, foram desencadeadas na década de 1970 de modo a inaugurar um novo ciclo de desenvolvimento e inserção global do país asiático. Em nível global, o mundo passava por grandes transformações na esfera econômica, com o desencadeamento da 3ª Revolução Industrial e profundas modificações na divisão internacional do trabalho, na esfera produtiva (toyotismo, terceirizações etc.) e nos fluxos de riqueza (comércio e investimentos). No âmbito geopolítico, a Guerra Fria alterava seus rumos com os efeitos da aproximação sino-estadunidense e de uma nova onda revolucionária nos países do Terceiro Mundo.

Nesse sentido, a opção pela construção de um até então improvável eixo sino-estadunidense articulou progressivamente os elementos da globalização financeira estadunidense com a projeção do embrionário milagre econômico chinês, impulsionando mudanças significativas na distribuição de riqueza e poder no mundo. Progressivamente, esse irrefreável desenvolvimento econômico da China passaria a dar suporte para suas pretensões reformistas na ordem internacional, tensionando com as estruturas hegemônicas de poder centradas nos Estados Unidos e seus aliados. No entanto, o progressivo desmantelamento da União Soviética exerceu importante influência na mudança dos rumos da aliança sino-americana e nos desdobramentos do pós-Guerra Fria, esboçando os primeiros passos de uma nova rivalidade que viria a ascender.

Pode-se dizer que a reestruturação produtiva em nível global favoreceu, à época, uma notável ascensão dos países do Extremo Oriente e do Sudeste Asiático, especialmente dos chamados Tigres Asiáticos – Coreia do Sul, Cingapura e as regiões de Hong Kong e Taiwan. Essa dinâmica pode ser entendida a partir de "três ondas"[3] de desenvolvimento na região, com diferenças marcantes, mas mantendo importantes traços de similaridade. No âmbito político e diplomático, o modelo caracteriza-se por poderes políticos centralizados e baseados em partidos únicos ou amplamente dominantes; por coesos pactos sociais em que o Estado garante progresso e eficácia política, recebendo em contrapartida o respeito à ordem institucional; por valores comunitários postos à frente do individualismo; e por uma política externa afirmativa em termos comerciais e defensora da soberania e da não ingerência em assuntos domésticos. Já no âmbito econômico, o modelo asiático caracteriza-se por um *take off* baseado em um Estado forte interventor, que planeja e regula o mercado; por uma articulação entre o Estado e as grandes corporações (*zaibatsus* no Japão e *chaebols* na Coreia do Sul); por uma ampla utilização de mão de obra inicialmente barata, disciplinada e qualificada para alavancar a industrialização; por elevadas taxas de poupança, baixos juros e grandes investimentos produtivos (com participação estrangeira, mas predominantemente nacionais); por uma política comercial arrojada prioritariamente e inicialmente voltada para as

3. Ver artigo onde trabalhamos esse desenvolvimento regional a partir dessa noção das "três ondas" em Pautasso (2009), disponível em https://seer.ufrgs.br/bgg/article/view/37427.

exportações (especialmente para o mercado dos Estados Unidos) e com moeda subvalorizada.

A primeira onda teve à sua frente o Japão, que iniciou importante processo de desenvolvimento econômico ainda nos anos 1950, com apoio direto dos Estados Unidos no contexto da Guerra Fria, aproveitando-se das condições de barganha fornecidas pela bipolaridade estratégica que cercava o conjunto dos eventos políticos no Extremo Oriente. A segunda onda teve como principal expoente a ascensão dos Tigres Asiáticos na virada da década de 1970 para 1980. Nessa onda, foram centrais os acontecimentos vinculados à depressão da economia capitalista no centro do sistema e a superacumulação de capitais no Ocidente, os efeitos da ascendente rivalidade nipo-estadunidense, expressa no Acordo de Plaza de 1985 e na respectiva valorização da moeda japonesa; e na nova etapa de desenvolvimento da economia japonesa e de suas corporações, que gerou uma nova divisão regional do trabalho, tendo em vista a busca da redução de custos de produção e outras vantagens estratégicas.

A onda chinesa, por sua vez, foi desfechada a partir dos próprios efeitos das chamadas Quatro Modernizações, na esteira das medidas que contemplavam o conjunto dos esforços da política de Reforma e Abertura. Em função da conjuntura adversa que enfrentava, a China desencadeou uma importante inflexão política nos assuntos domésticos e diplomáticos, adotando uma espécie de gigantesca e prolongada NEP (Nova Política Econômica), que recolocou na modernização produtiva o núcleo da superação do atraso e do isolamento diplomático chinês. Ou seja, se a China já havia superado os principais problemas de reconstrução nacional, ligados à consolidação do regime e à retomada de grande parte da soberania territorial, restava como desafio inadiável superar as debilidades econômicas e sociais, num contexto em que 80% da população seguia habitando as zonas rurais e o PIB atingia apenas US$ 191 bilhões em 1980, o equivalente a apenas 6% dos Estados Unidos no mesmo ano. Essas foram as razões fundamentais para que a preocupação do governo chinês se voltasse para as reformas modernizantes, partindo de um razoável ponto de partida construído ao longo do período subsequente à revolução.

A política de Reforma e Abertura de Deng Xiaoping se deparou com desafios grandiosos: superar o atraso nas difíceis condições territoriais e demográficas; criar, por isso, condições de financiamento e de acesso à tecnologia; experimentar a superação destes problemas em formações periféricas e numa correlação de forças internacionais desfavorável. O quadro de crise do petróleo havia golpeado as economias capitalistas, enquanto se agravavam os problemas nos países socialistas. Ainda assim, a China perseguiu o desenvolvimento por meio das Quatro Modernizações (agricultura, indústria, ciência e tecnologia e forças armadas) e da aproximação com os Estados Unidos e os países da Bacia do Pacífico. A primeira medida se voltou para os camponeses, com os Contratos de Responsabilidade, visando ao fortalecimento do pacto de poder que produziu a revolução, e sustentava o PCCh, e o aumento da produção agrícola, visto que o país havia passado por períodos de insegurança alimentar. A segunda visou a modernizar a estrutura industrial, dotando-a de melhor gestão dos recursos (humanos e materiais), bem como de mais eficientes técnicas de produção. Isso se articulou à terceira medida, que estava vinculada ao incentivo à ciência e à tecnologia, e à quarta medida, cujo objetivo foi prover as forças armadas de um razoável poder defensivo e dissuasório.

Um papel fundamental foi desempenhado pelas Zonas Econômicas Especiais (ZEEs). Lançadas em 1982, três delas estavam voltadas às áreas de soberania ameaçada (Shenzen, próxima de Hong Kong;

Zhuhai, próxima de Macau; e Xiamen, próxima de Taiwan), e Shantou, na importante província de Guangdong. Atuando como ferramenta de política econômica e de desenvolvimento, as ZEEs implantadas nos anos 1980, inspiradas nas Zonas de Processamento de Exportações sul-coreanas, tinham como objetivo captar Investimentos Externos Diretos (IEDs) – grande parte sob a forma de *joint ventures* entre empresas estatais chinesas e empresas estrangeiras. Esses investimentos estiveram enquadrados num marco institucional promotor da modernização do parque industrial por meio da captação e da transferência de tecnologia[4].

Além de captar os recursos dos chineses ultramarinos, principais responsáveis por tais investimentos, a China ainda criou uma rede global de negócios a partir desses vínculos étnicos e culturais, bem como inverteu parte da "fuga de cérebros" ocorrida com as diásporas. É bom destacar que os chineses ultramarinos compõem quase a totalidade da população de Hong Kong e Taiwan; três quartos da população de Cingapura; e a parte mais rica da população da Malásia, Tailândia, Indonésia e Filipinas. Ou seja, isto foi decisivo para o enlace da economia chinesa com os Tigres Asiáticos e os países da Associação das Nações do Sudeste Asiático (ASEAN). A adoção de tal miríade de reformas econômicas permitiu aos chineses avançar também na estratégia de recomposição da unidade territorial nacional. Dessa forma, em 1997 e 1999 foram reincorporados, respectivamente, os territórios de Hong Kong e Macau, sob a égide da fórmula *uma nação, dois sistemas*.

No entanto, os influxos do desmantelamento do campo socialista, da União Soviética e da bipolaridade estratégica da Guerra Fria também se fizeram sentir na China. Mas, diferentemente do ocorrido na União Soviética, a disputa interna no PCCh teve como resultado a derrota do

---

4. Para uma excelente sumarização da trajetória comparada de desenvolvimento na região (Japão, Coreia, Taiwan e China), ver MOURA, Rafael. **Industrialização, Desenvolvimento e Emparelhamento Tecnológico**. Rio de Janeiro: Ideia D, 2021.

grupo reformista de viés revisionista, favorável a uma radical abertura política e econômica, com um desfecho favorável à ala que desde a década de 1970 dirigiu as reformas mantendo a convicção política na orientação socialista do país. Foi essa disputa que forneceu os elementos para a ocorrência dos protestos da Praça Tiananmen, em junho de 1989, reprimidos militarmente pelo governo, que impediu que a China tomasse os mesmos rumos da desagregação então em curso na União Soviética. Foi essa conjugação das reformas econômicas modernizantes com a manutenção do controle político-estratégico do PCCh sobre seus rumos que permitiu, portanto, que a China ingressasse em seu prolongado período de ascensão internacional e desenvolvimento nacional.

Fazendo um balanço da modernização chinesa, há aspectos estruturais que remontam àquilo já realizado por nações bem-sucedidas em seu processo de desenvolvimento, notadamente um Estado atuando em políticas industriais, comerciais e tecnológicas (ICT). Isso inclui subsidiar insumos de produtos voltados à exportação; realizar grandes obras de infraestrutura; financiar o acesso à tecnologia estrangeira (via capacitação de cientistas no exterior, espionagem ou não reconhecimento de patentes); investir em ciência, tecnologia e educação; criar mecanismos institucionais para facilitar a parceria público-privada (*joint ventures*, acordos para cartelização, concessão do direito de monopólio); entre outras políticas. Os países de industrialização pioneira (Reino Unido e Estados Unidos), de industrialização tardia (Alemanha e Japão) e novos países industrializados (Brasil e depois Tigres Asiáticos) adotaram estas políticas com variações e a partir dos legados e correções de rumos da revolução. Se analisarmos as experiências de desenvolvimento da Ásia-Pacífico, as "três ondas" (Japão, anos 50-70; os Tigres Asiáticos, nos 1970-90; e a China, pós-1980) possuem semelhanças vinculadas ao modelo asiático de desenvolvimento acima analisado, bem como com as experiências de desenvolvimento do Ocidente.

No caso da experiência chinesa, a poupança doméstica não tem baixado da casa dos 30%, alcançando índices próximos ou superiores a 40% no século XXI[5]. O governo utiliza crédito abundante, com juros baixos, a partir de inúmeros bancos predominantemente públicos, especializados (Banco Agrícola da China-ABC, o Banco Industrial e Comercial da China-ICBC e o Banco da China-BOC) e de fomento (Banco de Desenvolvimento Agrícola da China-ADBC e o Banco de Desenvolvimento da China-CDB). Além da poupança doméstica, os superávits comerciais, obtidos em grande parte no comércio com os Estados Unidos, permitem à China criar sólidas reservas internacionais (acima de 3 trilhões desde 2011)[6] e planejar o comércio com finalidades políticas.

Deve-se sublinhar que nos anos 1980-90, num quadro de reação neoconservadora, escalada do neoliberalismo e colapso do campo soviético, a China optou por operar reformas de abertura econômica ao tempo em que manteve uma estratégia de fortalecimento de seu aparato estatal. Essa política visava a impulsionar o desenvolvimento econômico nacional a partir de uma orientação que vinha na contramão da linha seguida pela maioria dos governos da América Latina e na África, dirigida pelas orientações neoliberais do Consenso de Washington. Não por acaso, essas opções resultaram em caminhos radicalmente opostos décadas depois. Em 1990, os PIBs em dólar corrente do conjunto da África Subsaariana somavam a quantia de US$ 340 bilhões, muito próximos dos 360 milhões da China e bem abaixo do 1,179 trilhão dos países da América Latina e Caribe. Em 2019, essa mesma ordem de valores

5. Ver dados do Banco Mundial, disponíveis em: https://data.worldbank.org/indicator/NE.GDI.TOTL.ZS?locations=CN.

6. Ver dados do Banco Mundial, disponível em: https://data.worldbank.org/indicator/FI.RES.TOTL.CD?locations=CN.

já constava, com as quantias de 1,767 trilhão para a África Subsaariana, 5,734 para a América Latina e o Caribe, e 14,280 trilhões para a China, respectivamente[7].

O Brasil, que durante o seu chamado ciclo nacional-desenvolvimentista, entre as décadas de 1930 e 1980, foi um dos países que mais cresceu economicamente no mundo, passou a assistir a acelerada modernização dos países da Ásia Oriental, ao tempo em que sua economia alternou entre a estagnação e frustrantes "voos de galinha". A título de curiosidade: até 1995, o PIB brasileiro, de US$ 769 bilhões, era maior e muito semelhante ao da China, então de US$ 734 bilhões. Pouco mais de duas décadas depois, em 2019, a discrepância já era imensa, com o PIB do país asiático, de US$ 14,8 trilhões, passando a ser mais de oito vezes maior que o brasileiro, de US$ 1,8 trilhão. Sem dúvida, tais resultados mostram muito acerca dos sentidos e das orientações que cada país e região optaram por seguir.

1.4 O atual estágio de desenvolvimento

Os processos nacionais de desenvolvimento são, via de regra, construídos a partir de uma complexa estrutura intergeracional, cujo caminho é repleto de percalços e de contradições[8]. O adensamento produtivo se correlaciona com a expansão do bem-estar, assim como problemas ambientais perpassam essas trajetórias.

Primeiro, é preciso compreender que o desenvolvimento e a inovação resultam da combinação de processos globais com políticas na-

7. Ver comparação no gráfico que segue: https://data.worldbank.org/indicator/NY.GDP.MKTP.CD?locations=ZJ-CN-ZG.

8. Ver artigo em que desenvolvemos este ponto originalmente intitulado Desenvolvimento e poder global da China: a política Made in China 2025. **Austral: Brazilian Journal of Strategy & International Relations**, v. 18, p. 183-198, 2019.

cionais, pragmaticamente adequadas às oportunidades conjunturais. Absolutamente todos os países hoje considerados desenvolvidos se utilizaram amplamente de políticas industriais, comerciais e tecnológicas (ICT) para atingirem tais condições. Em outras palavras, atingem-nas a partir de uma intrincada rede de interações e de conhecimento da economia nacional, com o progressivo aumento de produtividade vinculado aos mecanismos de agregação de valor e, por sua vez, do próprio desenvolvimento social.

Dessa maneira, o avanço de qualquer projeto nacional consistente tende, em última instância, a se defrontar com os limites impostos pelas estruturas hegemônicas de poder de seu período, formados por mecanismos de dominação que, direta e indiretamente, respaldam a supremacia de determinados países e a legitimação de organizações e normas internacionais. Daí a importância da articulação de uma estratégia de inserção internacional com um projeto nacional de desenvolvimento de longo prazo para enfrentar o *gap* produtivo-tecnológico e as assimetrias e os constrangimentos das estruturas de poder. Por isso, não é possível compreender as questões concernentes ao desenvolvimento das nações dissociando-as da dialética da forma como se refletem no deslocamento dos centros decisórios globais. Afinal, são os resultados da contenda entre polos dominantes e ascendentes que acabam por determinar os respectivos graus de autonomia e do lugar dos países nas configurações hierárquicas de poder no mundo.

No caso da China, a longa estrada rumo ao desenvolvimento pleno da nação entrelaçou, em suas origens, a confluência de processos de descolonização, de revolução antissistêmica e de reconstrução nacional a partir de heranças imperiais milenares. Ora, essa transformação, cuja ponta de lança é o *Made in China 2025*, é expressão não apenas dos desdobramentos da política de Reforma e Abertura, de Deng Xiaoping, mas do longo ciclo iniciado em 1949. Desde então, o ajuste nas estratégias, tanto de desenvolvimento nacional quanto de inserção internacional, enfrentou percalços e movimentações bruscas, como a aproximação político-diplomática entre China e Estados Unidos na década de 1970, em plena Guerra Fria, num contexto de recém-superação dos sobressaltos da Revolução Cultural.

Nesse quadro de aproximação bilateral, a China aproveitou-se de uma mudança global, decorrente do desenvolvimento desigual e combinado, cuja maior evidência era a expansão financeira estadunidense e o consequente deslocamento do epicentro produtivo global do Atlântico Norte para a Ásia Oriental. Essa estratégia resultou, nas décadas seguintes, num renascimento do papel protagonista da Ásia a partir da liderança da reemergente civilização chinesa, e da reconstituição da capacidade de inserção internacional do país. Obviamente, o governo da China, sob liderança do PCCh, converteu essa circunstância sistêmica numa oportunidade para sua transformação doméstica.

E a partir da virada do século XX para o XXI, é notável que a China vem entrando em outro patamar de desenvolvimento. No âmbito das exportações, os valores passaram de US$ 16,8 bilhões, em 1980, para US$ 82 bilhões em 1990; US$ 370 bilhões em 2000; US$ 1,680 trilhão em 2010; e US$ 2.570 trilhões em 2019. Além da progressão do volume do comércio, com robustos superávits, a mudança na composição das exportações tem sido significativa e rápida. Na década de 1980, as exportações chinesas praticamente se restringiram a petróleo e seus derivados, alimentos e outros produtos primários; durante os anos 1990, calçados, vestuário, brinquedos e outros bens manufaturados de baixo valor agregado passaram a ter grande representatividade; na atualidade, passaram a predominar os equipamentos eletroeletrônicos, motores, veículos, materiais de construção, dentre outros bens sofisticados. Em vez de plataforma de exportação, a ampliação dos produtos intensivos em tecnologias (*high-technology*) em suas exportações reflete a internalização de cadeias de valor. O seu índice de complexidade econômica foi da 46ª para 17ª posição no *ranking* mundial entre 1995 e 2020, enquanto os Estados Unidos passaram da 7ª para a 12ª posição[9].

Ademais, a participação de empresas chinesas nos mais variados setores de alta tecnologia reflete a mudança de patamar do desenvolvimento chinês. Tal fato pode ser bem ilustrado pela rápida expansão do número de suas multinacionais entre as grandes corporações do mundo. Não obstante as dificuldades de mensuração, devido aos dados variáveis de controle acionário e perfil das empresas, é evidente a ascensão do país asiático: dentre aquelas listadas como as 500 maiores empresas do mundo pela revista *Fortune*[10], a China tinha 18 empresas e os Estados Unidos 176 em 2005; já em 2020, pela primeira vez, os chineses ultrapassaram os estadunidenses, com 133 e 121 empresas, respectivamente. Ressalte-se: destas empresas da China, 3/4 são empresas públicas, revelando o enlace entre Estado e corporações; e a maior parte ligada a empresas de tecnologias de ponta, incluindo setores de informática, comunicação, energia limpa, entre outros – em vez de setores tradicionais. O país, que nos anos 1990 se notabilizou por exportar produtos de "1,99", tornou-se um polo protagonista de inovação produtiva e tecnológica. Como tem sido regra na história contemporânea, não ocorreu desenvolvimento e inovação sem forte atuação do Estado – como bem ilustra o caso dos Estados Unidos[11].

---

9. Ver o Altas da Complexidade Econômica: https://atlas.cid.harvard.edu/rankings.

10. De acordo com agência China Daily, disponível em: https://www.chinadaily.com.cn/a/202008/11/WS5f324861a31083481725f9fe.html.

11. Sobre a inovação nos Estados Unidos e o papel central do DARPA, ver o indispensável livro de MAZZUCATO, Marina. **Estado Empreendedor**. São Paulo: Companhias de Letras, 2014.

Dessa forma, se durante a política de Reforma de Abertura, do final da década de 1970, a ênfase chinesa recaiu sobre o desenvolvimento da capacidade produtiva nacional, com atração de investimentos estrangeiros voltados para a internalização de capital e de tecnologias; a partir dos anos 1990, a China já ensaiava a projeção de seus investimentos para o exterior, priorizando os países periféricos como destino. Desde 2005, entretanto, a China tem expandido ainda mais seus investimentos no exterior, ensejando uma evidente transformação qualitativa da expansão dos seus negócios internacionais. Alinhada a essa dinâmica, foi elaborada, em 1999, a estratégia *Going Global*, justamente no contexto de ingresso do país na Organização Mundial do Comércio (OMC), em 2001, voltada para a ampliação da segurança em recursos naturais, alimentares e energéticos, via controle das cadeias de valor desses setores em outros países. Atualmente, a China desenvolve a *Going Global 2.0*, o *Made in China 2025* e o *China Standards 2035* com objetivos de escalar as cadeias de valor global e ampliar a demanda de produtos sofisticados para economia nacional. E é nesse sentido que a Nova Rota da Seda vai cumprir um papel-chave.

Consequentemente, a China tem fortalecido a condição de centralidade da economia chinesa, expressa inclusive através de seu lugar no fluxo de investimentos mundiais. Tornou-se, em 2020, primeiro lugar no *ranking* global de atração de investimento estrangeiro direto (IED) com US$ 163 bilhões dos US$ 859 bilhões – superando pela primeira vez os Estados Unidos com seus US$ 134 bilhões. Além disso, a China tem ampliado sua condição de grande investidor no exterior, totalizando, de 2005 a 2019, US$ 815,3 bilhões em contratos de construção (83,4% em países periféricos) e US$ 1,23 trilhões em IED (62,1% em países desenvolvidos)[12].

12. Dados da UNCTAD.

Progressivamente, a China tem influído sobre os rumos do processo de globalização, acelerando as tendências de mudança no padrão de distribuição de riqueza e poder no mundo. Em 1980, a China tinha pouco mais de 10% do PIB (em PPC) dos Estados Unidos e, em 2020, alcançou 116% do montante estadunidense[13]. Embora o PIB *per capita* estadunidense ainda seja bastante superior ao chinês, em 2050, segundo a *PwC*, a China terá nada menos do que 20% do PIB mundial medido em PPP, ante 12% dos Estados Unidos. Em termos de produção manufatureira, a economia chinesa já responde por 28% da manufatura global, tão grande quanto a economia dos Estados Unidos, do Japão e da Alemanha juntos. Em função do seu peso geoeconômico, a China é a principal parceira comercial de 130 países do mundo – o que suscita progressivo efeito gravitacional. Em 2019, na condição de segunda maior economia do mundo em PIB nominal, a China (U$S 14,1 trilhões) já correspondia a quase Japão, Alemanha, Índia e Reino Unido juntos, com somatório de U$S 14,7 trilhões. Graças ao seu desempenho, a economia chinesa tem contribuído com cerca de 25 a 35% do crescimento mundial na última década (o dobro da participação dos Estados Unidos).

Além disso, a China tem 40% do mercado global de contêineres (ante 18% dos Estados Unidos), e 7 dos 10 principais portos marítimos mundiais (o maior dos Estados Unidos é o de Los Angeles, o 17º). Alguns dados são ainda mais surpreendentes: a China usou mais cimento entre 2011 e 2013 do que os Estados Unidos em todo o século XX. Em 2019, a China produziu 996,3 milhões de toneladas de aço bruto, enquanto os Estados Unidos produziram 87,9 milhões. O mercado chinês tem ainda uma classe média de cerca de 350 milhões de pessoas (maior que a dos Estados Unidos desde 2015), em franco processo de expan-

13. Ver comparação no gráfico que segue: https://knoema.com/atlas/China/GDP-based-on-PPP?compareTo=US.

são. O *e-commerce* chinês deste ano detém números quase quatro vezes maiores do que o estadunidense. Também neste ano, a China está chegando à marca de 900 milhões de usuários de internet. E são mais de 35 mil km de trens de alta velocidade cortando o país, além de uma notável modernização infraestrutural. Em 2018, a China superou os Estados Unidos em número de patentes registradas, e já forma anualmente cerca de quatro vezes mais profissionais nas áreas de ciências, tecnologia, engenharia e matemática do que seu rival. A trajetória explicita os ritmos e volumes distintos e superiores com os quais a China vem liderando outros tantos segmentos.

É nesse contexto que o *Made in China 2025* representa mais uma iniciativa para aprofundar e mudar qualitativamente o desenvolvimento chinês. O planejamento estatal inclui financiamento barato oferecido por bancos públicos nacionais, produção de insumos básicos com preços baixíssimos e estímulo da demanda por meio de compras governamentais. Aliás, é um caso exemplar da capacidade estatal de promover políticas de ICT em favor da indústria nascente, bem como do aprofundamento da sinergia entre desenvolvimento nacional e potencialização da inserção global da China. Ou seja, o governo chinês tem impulsionado a interação entre Estado e setor privado e financiado a fusão de setores, conformando oligopólios ("campeões nacionais") com vistas a aprofundar a produtividade e a socialização do investimento.

Vejamos o caso da SASAC (State Owned Assets Supervision and Administration Commission)[14]: criada em 2008, a SASAC assumiu a condição de acionista controlador e, como tal, coordena o ecossistema de empresas estatais da China, nomeando diretores, fiscalizando seus desempenhos e estabelecendo objetivos. São empresas em setores-chave que exercem papel de encadeamento e controle indireto sobre um

14. Ver site oficial da SASAC, disponível em: http://en.sasac.gov.cn/.

conjunto de empresas subsidiárias. Mais do que papel estruturante na economia nacional, essas empresas se entrelaçam à estrutura de poder político e são instrumentos do planejamento nacional, pois integradas às organizações partidárias.

No caso da China, entrelaçam-se às políticas de ICT, ações voltadas à reafirmação da soberania, integridade territorial e reconstrução nacional da Era Mao com as reformas modernizantes desencadeadas pela Era Deng. No caso atual, falamos das múltiplas políticas públicas governamentais voltadas para a promoção da complexidade econômica chinesa, englobando a abertura comercial gradual, com complexo sistema de tarifas, barreiras não tarifárias e licenças; a atração de investimentos condicionados às transferências tecnológicas e *joint ventures*, o encadeamento dos distintos segmentos da indústria nacional; os fortes estímulos à engenharia reversa e a aplicação branda das leis de proteção intelectual; a criação de *clusters* nacionais por meio de requisitos de conteúdo local; além de uma política econômica capaz de combinar câmbio desvalorizado, juros baixos, controle de capitais, entre outros mecanismos.

Nesse quadro de acirramento da competição interestatal e corporativa, a China mira o que se convencionou chamar *indústria 4.0* – conceito criado em 2011, na feira de Hannover, na Alemanha, para se referir à produção de manufatura avançada. São inovações tecnológicas ligadas à inteligência artificial, robótica, internet das coisas, Big Data, veículos autônomos, impressão em 3D, nanotecnologia, biotecnologia, armazenamento de energia, novos materiais (grafeno) e computação quântica.

A política *Made in China 2025* (MIC 2025), inspirada no plano Indústria 4.0 da Alemanha (adotado em 2013), foi aprovada pelo Conselho de Estado da China em 2015, voltada ao desenvolvimento da manufatura inteligente. Trata-se de um aprofundamento de outro estudo, de 2010, intitulado *China's drive for 'indigenous innovation'*, cujo objetivo era valer-se do poderoso regime regulatório chinês para forçar a diminuição da dependência de tecnologia estrangeira, por meio da promoção de inovações nacionais. O MIC 2025 se propõe a impulsionar a liderança da China nas redes globais de produção e inovação, conferindo eficiência e qualidade aos produtos nacionais. O plano foi elaborado pelo Ministério da Indústria e Tecnologia da Informação (MIIT) com a contribuição de 150 especialistas da Academia de Engenharia da China.

Esse documento governamental destaca dez setores prioritários de atuação: 1) nova tecnologia de informação avançada; 2) máquinas e ferramentas automatizadas e robótica; 3) equipamentos aeroespaciais e aeronáuticos; 4) equipamento marítimo e transporte de alta tecnologia; 5) equipamento moderno de transporte ferroviário; 6) veículos e equipamentos de nova energia; 7) equipamentos de energia; 8) equipamentos agrícolas; 9) novos materiais; e 10) biofármacos e produtos médicos avançados. Para tanto, o governo chinês não está focado apenas na inovação, mas em toda a cadeia de produção e serviços modernos. O objetivo central é aumentar o conteúdo de componentes e materiais nacionais primeiramente para 40%, até 2020, e posteriormente para 70%, até 2025. A estratégia do governo chinês inclui políticas cujos objetivos são acelerar os esforços de transferência de tecnologias e de requisitos de licenciamento e aquisição de empresas estrangeiras estratégicas, bem como de diversas atividades de engenharia reversa. É interessante observar as metas na indústria automotiva, setor em que se entrelaçam tecnologias da informação, veículos autônomos, novas formas de energia, entre outros.

O *Made in China 2025* é, definitivamente, um ambicioso plano para afirmar a liderança industrial e tecnológica da China, alinhado a um robusto processo de substituição de importações. Entre 2016 e 2020, o MIIT e o Banco de Desenvolvimento da China executaram programas de financiamento – incluindo empréstimos, títulos e *leasing* – para os grandes projetos, com um financiamento estimado em mais de US$ 45 bilhões. Para reforçar essa dinâmica, Pequim lançou o *China Standards 2035*. Tal plano de modernização industrial mira o núcleo da fronteira tecnológica atual, como inteligência artificial, novos materiais, realidade virtual, telefonia 5G, energia renovável, entre outros. Em muitos, a China já assumiu a dianteira produtiva, recrudescendo o desconforto dos Estados Unidos.

Pode-se dizer que o projeto *Made in China 2025* é causa e consequência desse processo, cujas origens remontam à reconstrução nacional iniciada em 1949, dinamizada e potencializada após as reformas empreendidas nos anos 1970. Se é fato que a 3ª Revolução Industrial e a assim chamada indústria 4.0 trarão mudanças estruturais na produção e no trabalho, estas não se dissociam do desenvolvimento e do poder das nações e, com efeito, de suas políticas públicas voltadas à produção de riqueza (complexa e tangível). Com efeito, não é difícil de perceber que tal escalada produtiva tende a recrudescer a competição interestatal e interempresarial internacional, típicas dos contextos de reorganização do poder mundial, cuja Guerra Comercial desencadeada pelos Estados Unidos contra a China é uma de suas facetas mais visíveis.

Por um lado, os Estados Unidos acusam Pequim por minar as regras de comércio internacional, ao conferir tratamento discriminatório de investimento estrangeiro, transferência forçada de tecnologia, roubo de propriedade intelectual e espionagem cibernética – como argumentou o *Council on Foreign Relations*[15][11]. Ressalte-se o paradoxo: o mesmo excesso de Estado, planejamento e empresas estatais que são disfuncionais aos olhos de Washington são também os responsáveis por

15. Ver como se expressa a percepção de parte importante da elite estadunidense, disponível em: https://www.cfr.org/backgrounder/made-china-2025-threat-global-trade.

transformar essa competição impraticável. Por outro, não obstante as suas singularidades, a métrica do desenvolvimento chinês não escapou a tais parâmetros históricos. Com efeito, o maior poder geoeconômico da China torna imperativa uma maior assertividade geopolítica, tensionando as estruturas hegemônicas de poder lideradas pelos Estados Unidos. É, sem sombra de dúvidas, dessa resultante que surgirão as novas configurações de poder internacionais, a serem estruturadas a partir de rupturas com maior ou menor escala de violência, a depender dos rumos que suas dinâmicas assumirem.

A segunda questão a ser tratada refere-se ao desafio energético-ambiental relacionado à trajetória de desenvolvimento, no caso, chinês. Um país que realizou um *take off* com todas as contradições e os ônus de uma modernização acelerada, acentuado pelas grandes dificuldades de ordem territorial e demográfica. Pequim tem transformado as questões energética e ambiental em dois dos grandes desafios e oportunidades para o século XXI. Essas fronteiras tecnológicas estão imbricadas na própria Nova Rota da Seda, sendo uma forma de incorporar o progresso do país em gestão ambiental, por meio de novas formas de geração de energia e de sustentabilidade. Além de ser uma fronteira tecnológica, é também uma forma de dissuadir um dos focos centrais das críticas irradiadas do Ocidente ao desenvolvimento chinês e sua iniciativa de integração regional.

Cabe sublinhar que as questões ambientais têm sido marcadas por uma série de incongruências, fruto da desinformação e do ativismo voluntarista de grupos engajados nessas causas supostamente universais. No mais das vezes incorre-se, conscientemente ou não, no viés da confirmação, ou seja, na busca seletiva de informações para corroborar premissas previamente selecionadas. As confusões são muitas, passando por incompreensões acerca da relação entre desenvolvimento e sustentabilidade e, sobretudo, por interesses geopolíticos e geoeconômicos que atravessam a agenda ambiental.

Particularmente, os modelos de desenvolvimento adotados por países periféricos são alvos preferenciais da escalada de críticas e imposições derivadas de parte dessas assertivas. Com a China não é diferente, sobretudo diante do sucesso de seu desenvolvimento. Seu PIB em poder de paridade de compra era de US$ 304,3 bilhões em 1980, e chegou a nada menos do que 27,3 trilhões em 2019, enquanto seu PIB *per capita* (PPP) saiu de US$ 310 para US$ 19,5 mil, no mesmo período. Detalhe: nas últimas quatro décadas a China urbanizou cerca de 652 milhões de pessoas e erradicou a pobreza extrema em 2020, com a retirada de 850 milhões de pessoas que deixaram a condição de vulnerabilidade social. Há, pois, um incremento de renda e da urbanização que produz um irrefreável aumento na demanda por bens e serviços, ampliando, por consequência, a necessidade de recursos naturais e energéticos.

Como resultado, o consumo de energia na China passou de 874 toneladas de petróleo equivalente (mtoe), em 1990, para cerca de 3.471 milhões mtoe, em 2020, um crescimento de quase quatro vezes. Da mesma forma, o consumo de energia elétrica saltou de 580 para 7.028 TWh no mesmo período, um incremento de mais de 12 vezes[16]. A China tornou-se o maior importador mundial de petróleo em 2017, superando os Estados Unidos, com uma demanda que cresceu, de 2,8 milhões de barris por dia (mb/d), em 1990, para 14,5 mb/d, em 2019, sendo 69,6% do total consumido pelo país.

É sabido, contudo, que a matriz energética chinesa é assentada, principalmente, em carvão. Em relatório de 2017 da *Eco Experts* sobre os níveis globais de poluição do ar, luz e ruído, três cidades chinesas entraram no *ranking* das dez mais afetadas por esse fenômeno no mundo

16. Ver Enerdata, disponível em: https://www.enerdata.net/estore/energy-market/china/.

(Pequim – 3°, Guangzhou – 5° e Xangai – 6°) – que inclui Paris e Los Angeles na nona e na décima posições, respectivamente. Apesar disso, a China vem melhorando progressivamente essa situação em função de um conjunto de ações, tais como a arborização das cidades, a modernização das termelétricas a carvão, o fechamento de fábricas defasadas e a ampliação das fontes renováveis, entre outras. Aliás, as fontes renováveis passaram de 5,1% em 1990, para 14,3% da matriz energética nacional, em 2018, enquanto as fontes vinculadas ao carvão diminuíram sua participação, passando de 76,6% para 59% no mesmo período.

Aqui cabe uma reflexão: a ênfase em recursos fósseis não difere muito nem da média mundial, nem mesmo daquelas dos países-membros da OCDE, cujos meios tecnológicos e financeiros são superiores para proporcionar mudanças mais abrangentes na matriz energética. Em 2017, 77% da oferta mundial de energia ainda era fóssil – ante 79% em 1990. O restante era composto por biocombustíveis (9,1%) e energias hidráulica (6,5%), nuclear (4,1%), eólica (1,7%) e solar (0,7%). De toda a energia elétrica, em 2018, 73,8% era proveniente de combustíveis fósseis e 26,2% de fontes renováveis (distribuída em 15,8% do setor hidroelétrico, 5.5% do eólico, 2,4% do solar, 2,2% de biocombustíveis e 0,4% do setor geotérmico). Já nos países da OCDE, os hidrocarbonetos representaram 80% do consumo de energia em 2019, estando apenas 12,4% entre fontes renováveis e hidrelétricas.

Ainda que a matriz energética da China esteja concentrada também em recursos fósseis e com aumento acelerado de demanda, as acusações acerca da responsabilidade chinesa pelas mudanças climáticas não fazem sentido. Primeiro, enquanto a China emitiu cerca de sete toneladas de CO2 *per capita* em 2018, os Estados Unidos atingiram o índice de 16,5. Segundo, na condição de "fábrica do mundo", a utilização massiva de insumos não está desconectada das redes de consumo global, especialmente daquelas vinculadas ao próprio usufruto dos mercados das potências norte-atlânticas. Terceiro, o padrão de consumo de bens e serviços na China e nos países periféricos é apenas uma fração daqueles dos países ricos - esses, sim, pressionam de maneira demasiada os recursos naturais do planeta. Para exemplificar, com dados de 2017: embora a China tenha atingido, na totalidade, um consumo de 6,6 mil TWh de eletricidade e de 4,3 mil TWh, em termos *per capita*, o índice chinês foi de 4,6 MGh, e o estadunidense de 12,6 - ou seja, quase três vezes maior que o chinês.

Além do mais, diferentemente da visão corrente, é na China que se realiza um dos maiores esforços para prover soluções para a questão energético-ambiental. O país asiático tem sido de longe o maior investidor em capacidade instalada de energia renovável ao longo desta década, comprometendo nada menos do que US$ 758 bilhões nesse setor entre 2010 e o primeiro semestre de 2019, de acordo com o relatório *Global Trends in Renewable Energy Investment*[17] 2019, divulgado pelo Programa das Nações Unidas para o Meio Ambiente (PNUMA). Em 2019, a capacidade fotovoltaica solar instalada da China alcançou 204.700 MW (32,6% do total mundial), enquanto a dos Estados Unidos atingiu a marca de 75.900 MW (12,1% da produção global). Em 2018, considerando o conjunto das energias renováveis (solar, hidráulica, eólica, geotérmica e de biocombustíveis), a China gerou 1,8 milhão de GWh, enquanto o segundo do *ranking* mundial, os Estados Unidos, geraram 764 mil GWh - uma diferença que cresce ano a ano.

No caso dos automóveis elétricos, a China detinha quase 50% do estoque global até o final de 2018, seguida pelos Estados Unidos, com 22%. Os números pertinentes ao estoque de ônibus elétricos são ainda

---

17. O relatório está disponível em: https://www.fs-unep-centre.org/wp-content/uploads/2020/06/GTR_2020.pdf.

mais assimétricos, já que a China detinha, em 2018, cerca de 421.000 unidades, enquanto os países europeus, o Japão e os Estados Unidos detinham pouco mais de 2.100 em uso. Shenzhen, uma grande megalópole chinesa, já substituiu toda sua frota de ônibus e táxis por versões elétricas, por exemplo.

Assim, a rápida modernização ensejada desde a implementação da política de Reforma e Abertura foi suscitando a tomada de medidas para lidar com as contradições ambientais. O termo *civilização ecológica* foi introduzido nas discussões do PCCh a partir de 2007; o documento intitulado Pareceres do Comitê Central do Partido Comunista Chinês e do Conselho de Estado sobre a Promoção do Desenvolvimento da Civilização Ecológica foi divulgado em 2015; e depois incluído na Constituição do país em 2018. No 12º Plano Quinquenal da China (de 2011 a 2015), as diretrizes se voltaram para os novos ramos industriais como energias renováveis e veículos elétricos, enquanto o 13º Plano Quinquenal (2016-2020) passou a abordar mais amplamente a questão ambiental, dando particular ênfase à eficiência energética.

Em poucas palavras, a China está transformando uma possível vulnerabilidade, passível de ser explorada por seus antagonistas no sistema internacional, numa mudança qualitativa de seu desenvolvimento. Primeiro, transforma a questão energético-ambiental numa oportunidade para desbravar novas fronteiras tecnológicas. Segundo, desenvolve o conceito de civilização ecológica, ajustando o desenvolvimento, mas sem recair num ambientalismo conveniente aos interesses externos. Terceiro, incorpora as metas dos Objetivos de Desenvolvimento Sustentável das Nações Unidas (Agenda 2030) soberanamente, tanto a suas políticas domésticas quanto a sua cooperação internacional, como a própria Nova Rota da Seda.

Dessa forma, a questão ambiental na China passa longe de qualquer tese malthusiana, preservacionista e/ou estagnacionista – como as do *crescimento zero* ou do *decrescimento* – ou às agendas militantes de organizações não governamentais financiadas diretamente pelos instrumentos de política externa das potências norte-atlânticas. Ora, se contradições, privações e conflitos são intrínsecos às experiências de desenvolvimento em geral – em vez de um paraíso de estabilidade, bem-estar e paz –, a própria superação de desequilíbrios sociais e problemas ambientais passa por um desenvolvimento qualitativamente superior. Em vez da negação do desenvolvimento, muito comum em certas correntes de esquerda, a questão é a capacidade de combinação de novos paradigmas tecnológicos com novos padrões civilizacionais, superiores àqueles erigidos pelas anteriores revoluções industriais.

Como resta evidente na trajetória chinesa, o desenvolvimento econômico-social e a preservação ambiental não são variáveis excludentes; na verdade, o aperfeiçoamento do primeiro é pré-condição para a execução do segundo. No país asiático, essas transformações entrelaçam o aumento da renda relativa e absoluta, a alteração da estrutura ocupacional da população, o expressivo processo de urbanização, a transição demográfica e a maior integração à economia mundial, combinados com o aumento das demandas por alimentos, saneamento, energia, coleta de lixo, bens e serviços. Isto é, um inexorável enlace entre desenvolvimento, demanda por recursos naturais-energéticos e questões ambientais, num país cujas condições territoriais e demográficas são especialmente complexas.

Não é exagerado sentenciar que 1) a população chinesa está longe de assimilar o padrão de consumo e poluição reinantes nas sociedades norte-atlânticas; 2) o desenvolvimento é, dialeticamente, causa e solução de determinados problemas ambientais, ou seja, uma pré-condição para sua superação; 3) a mudança da matriz energética é tarefa intergeracional e complexa, que ultrapassa os limites do voluntarismo estagnacionista que impera nas agendas dos setores adeptos às teses ambientalistas; 4) mesmo com o crescimento de novas matrizes energéticas, o petróleo continuará a ter enorme relevância mundial, já que é matéria-prima de extrema polivalência.

Em suma, para a China, tanto o desenvolvimento e a inovação quanto o próprio desafio ambiental aparecem como faces da mesma moeda. São tanto desafios quanto oportunidades técnico-produtivas e, inclusive, têm sido incorporadas por Pequim na área de gestão produtiva ambiental dos projetos da Nova Rota da Seda. O próprio AIIB criou a Estrutura Ambiental e Social para avaliação dos projetos, agregando conceituações normativas do desenvolvimento sustentável às suas execuções[18].

O crescimento econômico e as inúmeras conquistas alcançadas pela República Popular da China nas últimas décadas são, portanto, notáveis para qualquer analista político. E uma de suas principais consequências tem sido o já mencionado aumento do poder relativo da China no cenário internacional, em um momento marcado por crescentes tensões em diferentes regiões do mundo e a ameaça de conflitos militares entre grandes potências. Nesse sentido, a demanda de terceiros países por maior protagonismo e assertividade da política externa chinesa no ambiente internacional tem sido uma constante, assim como a adoção de posturas mais agressivas das grandes potências declinantes diante da ascensão chinesa.

O fato é que a adoção de um *low profile* pela diplomacia chinesa desde os tempos de Deng Xiaoping contribuiu crucialmente para a ascensão do país, com a opção por evitar conflitos e enfocar esforços no desenvolvimento econômico, permitindo que a China se tornasse em

18. Ver **Normative Readings of the Belt and Road Initiative** de Wenhua Shan, Kimmo Nuotio e Kangle Zhang, ed. Springer. Neste caso, o cap. "Planning for a Sustainable Belt and Road Initiative (BRI): An Appraisal of the Asian Infrastructure Investment Bank (AIIB) Environmental and Social Safeguards", de Daniele Brombal.

poucas décadas a segunda maior economia do mundo. Apesar de novas situações exigirem novas estratégias e posturas, isso não necessariamente implica a necessidade de a China abandonar os principais sustentáculos de sua política exterior nas últimas décadas. Tal diplomacia foi marcada por adoção de postura pragmática, visando dar sustentação aos intentos de diversificação de parcerias e relações pelo mundo, bem como de acelerar o desenvolvimento econômico nacional. Com o fim da Guerra Fria, se caracterizou essencialmente por aquilo que Deng definiu como "observar os acontecimentos calmamente, assegurar nossos avanços, lidar com as mudanças com confiança, manter um baixo perfil, nunca se afirmar como liderança, fazer algumas contribuições". Seu principal objetivo era de evitar qualquer tipo de isolamento político da China no cenário internacional, permitindo ao país se concentrar na defesa da paz mundial, nos esforços de plena unificação territorial e nas tarefas concernentes à modernização das forças produtivas.

Num novo ambiente global marcado pela derrocada da União Soviética e do campo socialista e por uma nova onda de hegemonia do neoliberalismo e dos EUA, a estratégia de desenvolvimento e política exterior da China se mostrou acertada. Mantendo um *low profile* diplomático, Deng e seus sucessores lograram diversas conquistas em todos os âmbitos da sociedade chinesa. Naturalmente, esse consistente processo de ascensão econômica foi acompanhado por um aumento da influência política do país no ambiente internacional. Sob a liderança de Xi Jinping, o lançamento da Iniciativa do Cinturão e Rota (BRI) ilustra de forma clara a compreensão chinesa acerca dos novos rumos a serem assumidos pelo processo de globalização, a ser marcado pela constância de relações *win-win* e pela construção de uma sociedade de futuro compartilhado para a humanidade. A constante defesa da solução pacífica de controvérsias, da não intervenção em assuntos internos de outros países e do multilateralismo reforçaram a firmeza da postura chinesa em prol da paz mundial e de um caminho não hegemônico e multipolar para a sociedade internacional.

As "duas metas centenárias" estabelecidas nos últimos anos pela China são uma sinalização clara de que, apesar de seu maior poder relativo, o país mantém a determinação em seguir um caminho pacífico e cooperativo para alcançar seus objetivos nos ambientes doméstico e internacional. Ao atingir a meta da construção de uma sociedade moderadamente próspera em todos os aspectos no 100º aniversário do Partido Comunista da China em 2021, o país inaugurou uma nova etapa, que visa consolidar um "país socialista moderno que seja próspero, forte, democrático, culturalmente avançado e harmonioso" no aniversário de 100 anos da República Popular da China em 2049. Durante a primeira sessão do 14º Comitê Nacional da Conferência Consultiva Política do Povo Chinês, em março de 2023, Xi caracterizou a estratégia chinesa como de "manter a calma e a determinação, buscando o progresso a partir da estabilidade, atingindo ativamente os objetivos e se unindo para enfrentar os desafios".

Apesar de suspeitos analistas políticos alegarem que a China estaria assumindo uma postura internacional mais agressiva, o que realmente se alterou ao longo dos anos foi na verdade a forma como as potências ocidentais declinantes, especialmente os Estados Unidos, têm lidado com o processo de ascensão chinesa. As tentativas norte-americanas de resgatar as ultrapassadas retóricas dos tempos da Guerra Fria, contrapondo autoritarismo à democracia, demonstram incômodo e desequilíbrio frente às conquistas da via pacífica, ordeira e bem-sucedida adotada pelas lideranças chinesas. O estabelecimento de uma Guerra Comercial e boicote às companhias chinesas, a adoção de uma postura revisionista frente às questões concernentes à unidade territorial da China (especialmente na questão de Taiwan), a adoção de um tom crítico contra o espraiamento da BRI e a utilização massiva de propaganda e retórica antichinesas demonstram claramente o giro político da diplomacia norte-americana.

É nítido que a estratégia diplomática de baixo perfil tem atingido grandes resultados e, apesar do aumento de poder econômico e estratégico da China, o país mantém os principais sustentáculos e objetivos de sua política externa. Diferentemente dos desequilíbrios e confusões demonstrados pelas ações das lideranças das potências ocidentais declinantes, a liderança do Partido Comunista da China tem reafirmado seu caráter paciente e equilibrado. Cada vez mais a China demonstra cumprir o papel de uma liderança benigna para o novo sistema internacional em construção, como bem exemplificam não apenas seus grandes projetos de cooperação, mas também ações tais como a bem-sucedida mediação dos conflitos entre Arábia Saudita e Irã no Oriente Médio, contribuindo para a construção de um ambiente internacional marcado por paz e desenvolvimento para as nações.

À época da formulação da estratégia diplomática de baixo perfil por Deng, os principais objetivos da China eram de opor o hegemonismo e preservar a paz na ordem mundial; garantir a plena reunificação territorial; e avançar consistentemente na modernização das forças produtivas e da sociedade chinesa. Apesar de ter avançado enormemente no caminho rumo a essas metas, o país ainda enfrenta diversos desafios para que possa concretizá-los de forma plena. E será mantendo o baixo perfil, a paciência, a visão estratégica e evitando cair nas armadilhas da retórica belicista estadunidense que a China logrará finalizar tais tarefas. E será "atravessando o rio, tateando as pedras" que, passo a passo, a China em breve será capaz não apenas de construir uma sociedade socialista plenamente próspera, mas de contribuir com o conjunto da sociedade global para a construção de uma comunidade com futuro compartilhado para a humanidade.

2

A NOVA ROTA DA SEDA E O PROJETO CHINÊS DE GLOBALIZAÇÃO

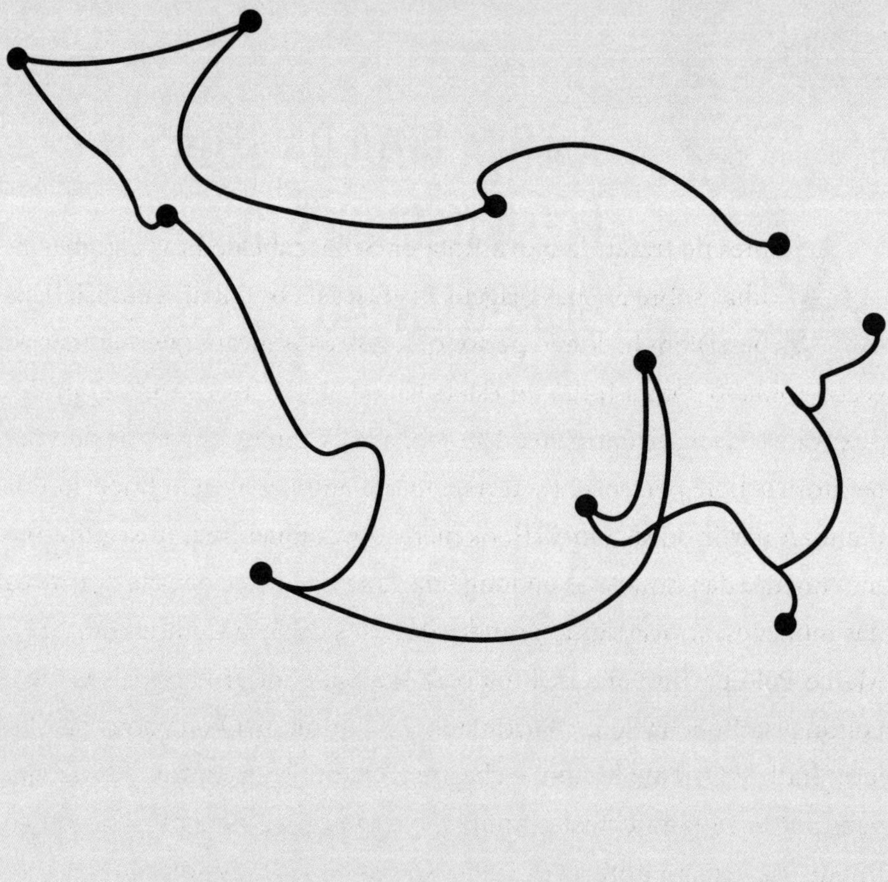

Antes de tratar da Nova Rota da Seda, cabe dedicar algumas linhas sobre as suas origens históricas. Os vínculos eurasiáticos persistem há longo período: registros indicam que o comércio greco-romano com a Índia foi estabelecido ainda em 130 a.C. com Eudoxus de Cyzicus, e entre 90 e 130 d.C. as tais conexões com as porções territoriais hoje pertencentes à Ásia foram ampliadas pelo Império Romano. A partir do século VIII, os mercadores muçulmanos seguiram o movimento das caravanas ao longo da Rota da Seda e da rota marítima das monções, atravessando grandes desertos da Ásia Central. Em 1271, Marco Polo partiu para a China com seu pai e seu irmão mais velho e voltou pela Rota da Seda marítima de Zaitun, agora Quanzhou, via Malaca, Índia e Oriente Médio, e chegou a Ormuz. Ele continuou sua viagem por terra para Constantinopla, navegou para Veneza e chegou ao fim de sua viagem mítica em 1295. No século XVI, os portugueses chegaram à China pela Rota da Seda Marítima e o Delta do Rio das Pérolas.

A antiga Rota da Seda, termo cunhado pela primeira vez pelo geógrafo alemão Von Richthofen na década de 1870, interligava a Europa à

Ásia Central, chegando às regiões ao sul e ao leste da Ásia, incluindo a China e a Índia. Transportou desde a valiosa produção chinesa de seda até bens de luxo e as mais variadas *commodities*, metais preciosos, tapetes, roupas, vidro, cavalos e escravos, bem como grãos, azeite e outros alimentos em conserva. Foi rota de intercâmbio econômico, cultural, biológico e medicinal em toda a Eurásia, disseminando não apenas o conhecimento mas também doenças, como a Peste Negra, originada do sudeste da Ásia e que, segundo estimativas, vitimou até um terço da população da Europa no século XIV. Não é forçoso dizer que a antiga Rota da Seda foi um dos mais relevantes eixos de interconexão civilizatória. Foi, por consequência, um dos vetores pioneiros da globalização e da conexão intercontinental.

As viagens do almirante Zheng He (1405-1433) também constituíram relevante registro acerca da constituição da Rota da Seda marítima em direção ao Sudeste Asiático, com suas vias de navegação e comércio através do Mar do Sul da China, dando conta da complexidade e da riqueza de parte dessa relevante rota. Ainda que pouco comentadas, as navegações chinesas realizadas no século XIV precederam as famosas circunavegações lideradas pelos ibéricos, que tiveram à frente Colombo e Magalhães. As esquadras chinesas, leais ao imperador Zhu Di, revelam, a um só tempo, a magnitude desses feitos e os limites das narrativas históricas de viés ocidental.

Ao retomar este conceito, adequando-o ao século XXI, os dirigentes chineses sinalizam o quanto a memória histórica importa, bem como as consequentes aspirações de recuperar sua posição no eixo de desenvolvimento euro-asiático. Não por acaso, um conjunto de outros conceitos fazem parte do léxico da diplomacia de Pequim para a iniciativa da Nova Rota da Seda, passando desde o Espírito Bandung, com os Cinco Princípios da Coexistência Pacífica, até as novas formulações baseadas nas relações *win-win*.

Nesta seção discutiremos as capacidades viabilizadoras e alguns objetivos intrínsecos à Nova Rota da Seda, bem como seus mecanismos institucionais e fóruns regionais. Detalharemos também os eixos de integração da Nova Rota da Seda, distribuídos em seus corredores terrestres e marítimos. Outras três seções abordam desdobramentos regionais da Nova Rota da Seda, considerando seu transbordamento para além das imediações territoriais da China, notadamente com sua projeção para os continentes africano e latino-americano, bem como sua extensão para a Europa.

2.1 Os fundamentos da Nova Rota da Seda e seus fóruns regionais

Como já dito, mais do que uma vitória dos comunistas chineses, a revolução de 1949 representou um legítimo processo de reconstrução nacional - na medida em que pôs fim à submissão política às potências (Grã-Bretanha, França, Japão etc.) –, cujo resultado foi o chamado Século de Humilhação, assim conhecido pelas invasões e chantagens estrangeiras que resultaram na desarticulação completa da civilização chinesa. Sob a condução de Mao Tsé-Tung, os chineses garantiram a integridade do território nacional, a superação de décadas de guerra civil, a restauração da soberania para um país que estava à beira da fragmentação, bem como a retomada de um processo de desenvolvimento econômico e a base material para a realização das reformas. Talvez aí resida a incompreensão no Ocidente acerca do lugar ocupado por Mao no imaginário chinês.

Uma segunda geração de lideranças, tendo Deng Xiaoping como membro destacado, implementou as diretrizes de Reforma e Abertura, apresentando uma reorganização das prioridades nacionais a partir da terceira plenária do 11º Comitê Central do PCCh, ocorrida em 1978. Embora tenha sido uma estratégia de abertura econômica sem abertura política, contrastando com as escolhas soviéticas, a China promoveu profundos ajustes institucionais. Assim, a correção de rumos da modernização socialista incluiu a reorientação da inserção internacional do país asiático como forma de atrair investimentos e tecnologias, abrir mercados e também se integrar, progressivamente, às instituições multilaterais de âmbito regional e global. Essa movimentação contribuiu para a superação do relativo isolamento político em favor de maior engajamento e integração ao sistema internacional, sempre voltado a viabilizar e impulsionar o projeto nacional de desenvolvimento.

Periodizando o envolvimento da China junto às organizações internacionais, pode-se dizer que a retomada do assento no Conselho de Segurança da ONU (1971) marca a ruptura do isolamento na esteira da aproximação com os Estados Unidos. Entre os anos 1980 até o ingresso na OMC (2001), no contexto adverso de colapso do socialismo real, o país tornou-se membro de praticamente todas as organizações internacionais, incluindo a adesão aos sensíveis Tratados de Não Proliferação Nuclear em 1992, e o de Proibição Total de Testes Nucleares em 1996. A partir de Hu Jintao, o engajamento internacional se aprofundou em três níveis de atuação. Primeiro, com a tentativa de reformar algumas organizações, como o Fundo Monetário Internacional (FMI) e o Banco Mundial, de modo que suas cotas de poder correspondessem ao novo *status* internacional chinês. Segundo, com o protagonismo para incorporar e difundir determinadas agendas internacionais, assumindo papel de liderança, como a Agenda 2030 da ONU e os Objetivos do Desenvolvimento Sustentável. Terceiro, com a promoção de organismos multilaterais alternativos às estruturas hegemônicas, como o Novo Banco de Desenvolvimento (NBD) e o Banco Asiático de Investimento em Infraestrutura (Asian Infrastructure Investment Bank - AIIB), por exemplo.

A China já é o segundo país que mais contribui para o orçamento da ONU e, de longe, o que mais participa de suas operações de paz, auxiliando-as com o Fundo de Paz e Desenvolvimento China-ONU, de 10 anos de duração, e com cerca de US$ 1 bilhão para tais operações. Com a pandemia, a China ampliou seu protagonismo, anunciando a vacina como "bem público mundial" e disponibilizando auxílio de US$ 2 bilhões para países periféricos – contrastando com os Estados Unidos sob Trump, que se resumiu a culpabilizar a China e a desacreditar a OMS. As teses de uma China revisionista no plano da governança mundial e de organizações internacionais parece que perdeu qualquer sentido.

Nessa direção, a Nova Rota da Seda representa a mais ambiciosa iniciativa chinesa. Sua diplomacia atua visando explorar linhas de menor resistência, pois as necessidades infraestruturais de países periféricos são explícitas. Assim, a China cria demanda para sua supercapacidade ociosa em capital disponível para financiamento, em produção industrial de base (aço, cimento, máquinas etc.) e em *know-how* em serviços de engenharia. Além disso, o fomento às obras de infraestrutura viabiliza fluxos comerciais e fortalece o efeito gravitacional da economia chinesa. Por isso, observa-se a adequação discursiva do PCCh: se até o começo do século XXI a retórica centrava-se em ideias-força voltadas ao desenvolvimento nacional, a partir do século XXI amplia-se a ênfase à projeção em escala global.

Nesse sentido, a Nova Rota da Seda tomou por base também duas iniciativas de desenvolvimento anteriores, nomeadamente o *Western Development Program* (WDP), de 1999, e o plano *China Goes Global* (CGC), de 2000. Esses planos respondiam, por um lado, a uma série de crises, tais como a crise financeira asiática de 1997, a crise financeira global de 2007-2008 e o catastrófico terremoto de Sichuan em 2008, e, por outro, aos desafios relativos ao ingresso na Organização Mundial do Comércio em 2001. Trata-se de uma mudança na qualidade do desenvolvimento e da inserção da China que demanda novas chaves conceituais e, por isso, o PCCh apresenta novos ideais-forças, como *Chinese Dream* e mundo harmonioso.

A Nova Rota da Seda, lançada em 2013 pelo presidente Xi Jinping, comporta justamente essas ideias-força e os novos objetivos da inserção internacional da China, representando o amadurecimento dos projetos de cooperação ensejados pela estratégia de inserção internacional chinesa – cujo ponto de partida perpassa a capacidade de execução e investimento em significativas obras de infraestrutura –, que adquire níveis de complexidade cada vez maiores, abrangendo questões de governança, de sustentabilidade e de outras áreas do desenvolvimento social. Não seria forçoso dizer que o motor dessa iniciativa chinesa é uma espécie de "diplomacia da infraestrutura"[19]. Contudo, é inegável que a China tem incorporado a Agenda 2030 e os Objetivos do Desenvolvimento Sustentável a esta iniciativa (sobretudo projetos sociais e ambientais), dando maior legitimidade à sua atuação global e influindo sobre os mecanismos de governança.

Os princípios e os marcos norteadores da criação dos eixos da Nova Rota da Seda foram elaborados em março de 2015 por meio do trabalho conjunto de três agências governamentais – Ministério de Relações Exteriores, Ministério do Comércio e Comissão Nacional de Reforma e Desenvolvimento (CNRD). Segundo o documento, o projeto perpassaria a Ásia, a Europa e a África, conectando o eixo econômico da Ásia Oriental com a Europa. O Cinturão Econômico teria como foco o estabelecimento das seguintes conexões: entre a China, a Ásia Central, a Rússia e a Europa; entre a China, o Golfo Pérsico e o mar Mediterrâneo; e entre a China e o Sudeste Asiático, a Ásia Meridional e o oceano Índico. A Rota da Seda Marítima foi projetada visando articular a costa chinesa

19. Ver detalhes em Min Ye. **The Belt Road and Beyond: State-Mobilized Globalization in China: 1998-2018**, Cambridge University Press, 2020.

em direção à Europa, perpassando o Mar do Sul da China e o oceano Índico, e o sul do Pacífico, também através do Mar do Sul da China.

Em consonância com tais movimentações, a iniciativa possui moldes contrastantes com aqueles do processo tradicional de globalização, na medida em que a sua proposta possui o potencial de proporcionar uma integração global mais inclusiva, com menos assimetrias entre o marítimo e o terrestre, o urbano e o rural, os países desenvolvidos e os em desenvolvimento. A inserção e a inclusão estariam centradas no que Yiwei denominou como os cinco fatores de conectividade, nomeadamente: 1) comunicação política; 2) conectividade de infraestrutura; 3) comércio desimpedido; 4) circulação monetária; e 5) entendimento entre pessoas[20].

Ademais, cumpre diversos objetivos articulados para a China como, primeiro e imediatamente, criar demanda para a supercapacidade ociosa da indústria nacional. Segundo, ampliar a segurança em recursos naturais e alimentares, sobretudo energéticos, evitando o eventual estrangulamento em estreitos - chamado de Dilema de Malaca por Hu Jintao em 2003. Terceiro, impulsionar a internacionalização das empresas chinesas e a exportação de serviços (de engenharia, especialmente). Quarto, fortalecer os fluxos comerciais regionais e globais, ampliando o papel propulsor e gravitacional da China. Quinto, estabilizar e securitizar a partir do desenvolvimento e da integração regionais. Sexto, fomentar a conversibilidade ao *renminbi* (RMB), tornando a moeda chinesa reserva de valor e meio de comércio corrente.

No intuito de institucionalizar a iniciativa e aprofundar a concertação multilateral, a China sediou o primeiro *Belt and Road Forum for International Cooperation* (BRF) em 2017, em Pequim, contando com a

---

20. Ver a excelente obra **The Belt And Road Initiative: What Will China Offer The World In Its Rise**, de Wang Yiwei (2016), ed. New World Press.

presença de trinta líderes mundiais e representantes oficiais de mais de trinta governos. No discurso de abertura, o presidente Xi Jinping reiterou os princípios da Nova Rota da Seda e ressaltou os avanços durante o período de 2013 a 2017, sublinhando o aprofundamento da cooperação em matéria de diplomacia, cultura, comércio, finanças e infraestrutura. O presidente chinês ainda defendeu que a iniciativa se constitua como um caminho para a paz, a prosperidade, a abertura, a inovação e a conexão entre diferentes civilizações. No comunicado conjunto da mesa-redonda de líderes do BRF[21], os líderes mundiais, bem como os representantes de organizações multilaterais, reforçaram os princípios, os objetivos e as medidas de cooperação internacional que fundamentam a iniciativa.

Em abril de 2019, a China sediou o segundo BRF, também em Pequim, desta vez com a participação de quarenta líderes mundiais e uma série de representantes de organizações multilaterais. No comunicado conjunto da mesa-redonda de líderes do segundo BRF, os líderes mundiais e representantes das organizações realçaram o fortalecimento da sinergia política para o desenvolvimento, o incremento da conectividade em infraestrutura, a promoção do desenvolvimento sustentável, o fortalecimento da cooperação prática e o fomento de intercâmbios culturais. No anexo do referido comunicado, foram listados os corredores econômicos e projetos catalisados pela iniciativa, as plataformas setoriais de cooperação multilateral, assim como outros esforços relevantes trazidos pelos participantes.

Desde 2013, já são mais de US$ 755 bilhões em investimentos dos países que aderiram formalmente à iniciativa chinesa. Entre 2014 e 2019, a combinação de investimento estrangeiro direto (IED) e contratos de construção somou, invariavelmente, mais de US$ 100 bilhões anuais, chegando ao pico de US$ 127,47 bilhões em 2015. Cabe salientar que nem todos os investimentos e projetos encontram-se diretamente

21. Disponível em: http://2017.beltandroadforum.org/english/n100/2017/0516/c22-423.html.

associados à Nova Rota da Seda, tendo em vista que parte ocorreu antes mesmo de os países ingressarem formalmente na iniciativa. Mesmo assim, não se pode ignorar que, desde o seu lançamento, a iniciativa chinesa tem impulsionado ainda mais os investimentos externos da China, intensificando a estratégia *Going Global* delineada no início deste século e revelando, de forma mais nítida, a lógica de Estado que impera na internacionalização econômica chinesa.

Os investimentos se concentram no setor de infraestrutura de transporte, energia e comunicações. De acordo com a plataforma Reconnecting Asia[22], são 374 projetos de infraestrutura associados à iniciativa chinesa no continente. Estes projetos encontram-se separados nas seguintes categorias: 1) intermodal (13); 2) gasodutos/oleodutos (7); 3) usinas geradoras de energia (146); 4) ferrovias (75); 5) rodovias (102); 6) portos (25); e 7) linhas de transmissão de energia (6). Os projetos têm empréstimos e financiamentos predominantemente de bancos públicos chineses, como o China Development Bank (CDB) e o Export-Import Bank of China, bem como de bancos multilaterais, como o AIIB, também sob liderança de Pequim.

Nesse sentido, sugerimos que a Nova Rota da Seda constitui o núcleo de um projeto de globalização alternativo ao da ordem neoliberal, tendo como sustentáculos a cooperação, os investimentos em infraestrutura e as relações *win-win*. As iniciativas em prol da conformação dessa ordem possuem distintos arcos territoriais. O primeiro é formado pelo entorno regional imediato. O segundo, um amplo arco que envolve seus corredores euro-asiáticos, perpassando a Ásia Central e chegando à Europa, interagindo com a costa oriental africana em sua dimensão marítima. Por fim, o restante do continente africano e a América Latina e Caribe completam os arcos de espraiamento do projeto chinês. Cabe destacar

22. Ver dados disponíveis em: https://reconnectingasia.csis.org/map.

que mais de 150 países já se integraram à iniciativa, bem como organismos internacionais e instituições financeiras multilaterais, entre outros.

A iniciativa constitui uma alternativa às instabilidades financeiras e crescente polarização social geradas pela primazia da agenda liberalizante, construindo um processo de integração assentado em gigantes investimentos produtivos e em infraestrutura, produção e comércio, essencialmente conduzidos pelo planejamento e a ação do Estado, ainda que contando com importantes aportes dos setores privados. Com efeito, esse projeto de globalização entra em contradição com aquele irradiado a partir de Washington, assentado nos pilares neoliberais e na ostensiva intervenção nos assuntos domésticos de terceiros países. É essa encruzilhada que torna a atual transição sistêmica prenhe de contradições e, inevitavelmente, acaba por refletir nos próprios rumos da Nova Rota da Seda.

2.2 Os eixos de integração da Nova Rota da Seda

A Nova Rota da Seda está essencialmente centrada nos seus projetos de conexão de infraestrutura, que foram inicialmente distribuídos em seis corredores ou eixos fundamentais de integração terrestre. São eles: 1) Corredor Econômico China-Mongólia-Rússia; 2) Nova Ponte Continental Euro-asiática; 3) Corredor Econômico China-Ásia Central-Ásia Ocidental; 4) Corredor Econômico China-Península Indochinesa; 5) Corredor Econômico China-Paquistão e; 6) Corredor Econômico Bangladesh-China-Índia-Mianmar. Para além deles, também fazem parte do projeto o fortalecimento da chamada Rota da Seda Marítima do Século XXI e, a partir de 2018, a Rota da Seda Polar[23].

23. Para uma visão panorâmica dos corredores da Nova Rota da Seda, ver **Routledge Handbook of the Belt and Road**, editado por Cai Fang e Peter Nolan (2019), ed. Routledge e China Social Science Press.

O Corredor Econômico China-Mongólia-Rússia envolve dois caminhos. O primeiro parte do eixo Pequim-Tianjin, perpassando a província de Hebei, a Mongólia Interior e sua capital Hohhot, o território da República Popular da Mongólia e prolongadas zonas territoriais russas. O outro envolve a rota que vai do porto da cidade chinesa de Dalian, na província de Liaoning, passando pelas capitais provinciais Shenyang, Changchun e Harbin, com destino à cidade russa de Chita. Essa rota perpassa aquela que foi a primeira região autônoma de minoria étnica a ser estabelecida na China, a da Mongólia Interior.

A Nova Ponte Continental Eurasiática é uma passagem internacional que liga o Pacífico e o Atlântico, incluindo um arranjo de ferrovias das cidades costeiras da China até a Europa. São as Ferrovias de Lianyungang e Rizhao até Rotterdam na Holanda e a Antuérpia na Bélgica; a Ferrovia Chongqing-Xinjiang-Duisburgo na Alemanha, a Ferrovia Chengdu-Xinjiang-Polônia e a Ferrovia Yiwu-Xinjiang-Madrid. A posição do Cazaquistão, aliás, é chave, sobretudo em função de Khorgos, que está se transformando num centro logístico, zona de livre comércio e parque industrial de enlace na Ásia Central.

O Corredor Econômico China-Ásia Central-Ásia Ocidental liga a China à Península Arábica e ao Mar Mediterrâneo, perpassando a Ásia Central e reeditando boa parte da antiga Rota da Sedà. O corredor envolve cinco países da Ásia Central (Cazaquistão, Quirguistão, Tadjiquistão, Uzbequistão e Turcomenistão) e dezessete países e regiões na Ásia Ocidental, com destaque para Irã, Arábia Saudita e Turquia, estabelecendo ampla cooperação chinesa com uma região rica em recursos, mas com precária infraestrutura de interligação e escoamento.

O Corredor Econômico China-Península Indochinesa se estende do Delta do Rio das Pérolas, na China, em direção a oeste ao longo da via expressa Nanchong-Guang'an e da ferrovia de alta velocidade

Nanning-Guangzhou, envolvendo Hanói, capital do Vietnã, e Cingapura. O corredor envolve diretamente o Vietnã, o Laos, o Camboja, a Tailândia, Mianmar e a Malásia, impulsionando os vínculos da China com os países da ASEAN, bloco que detém conjuntamente mais de 700 milhões de habitantes e um imenso dinamismo econômico. A cooperação chinesa com a região não é uma novidade, e constitui aspecto fundamental dos interesses estratégicos dos países vizinhos. A título de exemplificação, a construção da ferrovia China-Laos levou ao país indochinês o seu primeiro trem moderno de alta velocidade, permitindo que o tempo de viagem de Vientiane à fronteira fosse encurtado de quase dois dias para cerca de três horas.

O Corredor Econômico Bangladesh-China-Índia-Mianmar está envolto de uma série de reuniões de discussão e planejamento, com seus grupos de estudos tendo gerado relatório que refletiu consenso entre os países acerca da necessária cooperação em diversos setores, como os de energia, financiamento, comércio, entre outros. A rivalidade sino-indiana, contudo, tem contribuído para maior obstaculização dos avanços deste corredor quando em comparação aos demais.

O Corredor Econômico China-Paquistão envolve projeto de interligação de infraestrutura de transportes com cerca de 3 mil km, desde Kashgar, na província de Xinjiang, até o porto de Gwadar, no Paquistão, conectando o Cinturão Econômico da Rota da Seda no norte e a Rota da Seda Marítima do século 21 no sudeste asiático por meio de obras que envolvem uma rede de rodovias, ferrovias, oleodutos e cabos ópticos. O Porto de Gwadar está localizado em posição estratégica, próximo ao Estreito de Ormuz, fazendo com que o corredor cumpra a um só tempo diversos objetivos estratégicos para a China: 1) facilita a integração com as províncias do oeste chinês, contribuindo para o desenvolvimento econômico da região e dirimindo intentos separatistas em Xinjiang; 2) encurta substancialmente as distâncias para o transporte de mercadorias; 3) amplia a segurança das rotas de suprimento chinesas ao evitar a passagem pelo Estreito de Malaca e pelo conturbado Mar do Sul da China.

A previsão para a conclusão dessas rotas é de um investimento total de US$ 45 bilhões a ser concluído até 2030 por meio de mais de 30 acordos e memorandos. Ao todo, cerca de 61% será destinado ao setor de energia, a partir do Acordo sobre o Projeto de Energia do Corredor Econômico China-Paquistão, assinado entre China e Paquistão em novembro de 2014, e 36% do financiamento aos setores de transporte e comunicação[24]. O CECP tem projetos distribuídos ao longo de duas rotas: a rota ocidental via Zhob, Quetta e Kalat, voltados às províncias menos privilegiadas de Khyber Pakhtunkhwa e Baluchistão; e outra rota oriental via Multan, Faisalabad, Pindi Bhattian e Rawalpindi.

A Rota da Seda Marítima do Século XXI complementa o conjunto desses esforços, ao aprofundar a conexão da China ao Sudeste Asiático e à costa oriental africana, chegando à Europa após o contorno do Chifre da África e a passagem pelo Canal de Suez. Por fim, mas não menos importante, a China publicou um livro branco intitulado *China`s Arctic Policy* em 2018, no qual desenhou a estratégia de atuação no Ártico para desenvolver futuramente uma Rota da Seda Polar.

Diante desse quadro, vale conhecermos os efeitos da Nova Rota da Seda para as relações da China com dois países-chave, Paquistão e Irã, de modo a exemplificar o caráter multidimensional da iniciativa. Desde os tempos da Guerra Fria, o Paquistão configurou-se enquanto um aliado fundamental da China para seus interesses no contexto regional. À época, as relações sino-paquistanesas serviram de anteparo estratégico

---

24. Ver *site* oficial com detalhamento dos projetos e acompanhamento das obras. Disponível em: http://cpec.gov.pk/progress-update.

às rivalidades regionais, sobretudo após o conflito sino-indiano de 1962 e o cisma sino-soviético, tendo em vista o consequente alinhamento da Índia com a própria União Soviética. Desde o final do século XX, e principalmente após os atentados de 11 de setembro de 2001, o Paquistão tornou-se epicentro, junto do Afeganistão, da irradiação de instabilidade política decorrente da ascensão de movimentos terroristas, com importantes reflexos para a província chinesa vizinha de Xinjiang.

Ou seja, a implementação do CECP no âmbito da Nova Rota da Seda e a inclusão desse país na Organização para a Cooperação de Xangai em 2017 influem decisivamente no conjunto dessas questões, adquirindo ainda maior importância sobretudo após a retomada do governo do Afeganistão pelos talibãs em 2021. A China está disposta a prover uma solução para o Paquistão oposta àquela dos Estados Unidos para o Afeganistão. Com uma breve análise da carteira de projetos, é possível constatar o enorme volume dos investimentos previstos e como isso pode influenciar não somente o desenvolvimento e a estabilização regional, mas também a forma pela qual a China vai exercer seu efeito gravitacional sobre o vizinho.

Ao mesmo tempo, o CECP sinaliza desafios de diversas naturezas para o governo chinês. No âmbito econômico, esse corredor vai impulsionar os comércios bilateral e global através do porto de Gwadar; favorecer a exportação chinesa de serviços de engenharia e logística, de bens de produção e maquinário para as obras de infraestrutura, dando vasão à sobrecapacidade da economia chinesa; impulsionar a criação de zonas de processamento de exportação no Paquistão, auxiliando a internacionalização das empresas chinesas; e, por fim, garantir segurança e economia no suprimento de insumos (energia, alimentos e matérias-primas), devido ao acesso logístico privilegiado sem os riscos do Estreito de Malaca.

No âmbito político, a criação de mecanismos de governança e planejamento entre ambos, cruciais para implementar o corredor, são capazes de contribuir para as tarefas em prol da estabilidade política e institucional do Paquistão. Projetos de longo prazo abordados bilateralmente e o decorrente desenvolvimento regional tendem a fortalecer as capacidades estatais paquistanesas. No âmbito securitário, a economia chinesa passa a se conectar com o oceano Índico e além, sem a necessidade de conexão via Estreito de Malaca, por onde circulam mais de 80% do petróleo importado pela China.

Por um lado, o CECP permite criar uma alternativa aos portos e regiões da economia chinesa situados junto ao Pacífico, dado que o Mar do Sul da China também tem sido um foco de acirramento de tensões e instabilidades. Por outro, o corredor também tem seus próprios desafios, não somente pelas próprias instabilidades paquistanesas, que se vinculam com o separatismo de viés terrorista no Baluchistão e com a prolongada rivalidade com a Índia na disputada Caxemira, mas também pela própria conexão entre os movimentos separatistas da região, como os grupos militantes uigures ligados ao Movimento Islâmico do Turquestão Oriental (ETIM - *East Turkestan Islamic Movement*). Como destaca o documento *National Internal Security Policy (2014-2018)* do governo paquistanês, não há linhas claras que distinguem ameaças tradicionais, como o crime organizado, de ameaças não tradicionais como o terrorismo, o sectarismo e o extremismo..

No âmbito geopolítico, o CECP faz Pequim ter de lidar com o acirramento das desconfianças frente à Índia, ao tempo em que condiciona a própria moldagem do relacionamento com o vizinho Afeganistão, já sob a direção dos talibãs. Do ponto de vista da Índia, há enorme contestação ao fato de que o corredor será construído sob territórios disputados na Caxemira, ao tempo em que os chineses alegam que a iniciativa tende a construir um mecanismo multilateral de integração, estabilização e desenvolvimento regional, não se envolvendo diretamente com tais questões conflitivas.

A inserção do Irã no mapa da Nova Rota da Seda também ajuda a ilustrar o conjunto das dinâmicas da iniciativa. O recrudescimento dos embargos e sanções por parte dos Estados Unidos ao país desde 2005 fortaleceu, naturalmente, sua aproximação com a China. Inserido no chamado "Eixo do Mal" (Cuba, Coreia do Norte, Irã, Iraque, Líbia e Síria) desde o *Project for the New American Century* (1997), viu o cerco se ampliar com as invasões ao Afeganistão, em 2001, e ao Iraque, em 2003. Desde então, Washington não mobiliza apenas sanções econômicas, mas um cerco multidimensional, baseado também em ameaças de emprego da força, intervenções em países vizinhos, chantagens diplomáticas e cerco militar. Uma análise do quadro geopolítico permite observar a ocorrência de fenômenos como as intervenções militares operadas em países vizinhos, o fortalecimento de aliados estadunidenses portadores de armas nucleares, como Israel, ou de significativa capacidade militar, vide Arábia Saudita, e as recorrentes instabilidades regionais, tais como a guerra civil da Síria, as "revoluções coloridas" da Geórgia e do Quirguistão e, ainda, a intervenção não declarada de potências regionais no Iêmen.

O governo iraniano conseguiu resistir, preservar sua soberania, estabelecer novos aliados e, ainda, assinar um acordo que não representou uma capitulação, o *Joint Comprehensive Plan of Action*, de 2015, que veio a ser implodido por Donald Trump em 2018. Aproveitando-se do isolamento imposto pelos Estados Unidos e seus aliados, Pequim e Moscou incluíram ainda em 2005 o Irã como membro observador da Organização para a Cooperação de Xangai (OCX). Em 2021, o país enfim se tornou membro-pleno da OCX, ao tempo em que firmou acordos que fortalecerão ainda mais a corrente de comércio e investimentos junto à China. Um dos acordos firmados em 2021 prevê um investimento chinês de nada menos do que US$ 400 bilhões no Irã ao longo de 25 anos, em troca de suprimento regular de petróleo nos marcos da oficialmente denominada Parceria Estratégica Ampla Sino-Iraniana e da própria Nova Rota da Seda. Em paralelo, o país sinaliza o interesse de ingressar na União Econômica Eurasiana (UEE), liderada pela Rússia.

Em suma, ao tempo em que a Nova Rota da Seda se desenha gradualmente como o embrião de um projeto chinês de globalização, resta claro que a superpotência decadente, os Estados Unidos, moverão as peças que forem necessárias para evitar o sucesso desse empreendimento. Basta observar a *National Military Strategy* de 2015 para se ter clara essa noção. Afinal, nesse documento governamental estadunidense são indicadas como ameaças securitárias aos Estados Unidos a existência dos chamados "países revisionistas" do sistema internacional, nomeadamente China, Rússia, Irã e Coreia do Norte. É possível notar a centralidade dos três primeiros citados para a Nova Rota da Seda, bem como o fato de serem países sob embargos e pressões diretas estadunidenses e/ou sob o jugo de políticas de contenção no seu entorno regional, como trataremos em detalhe no capítulo sobre os desafios securitários da iniciativa chinesa.

Por fim, mas não menos importante, cabe sublinhar o Corredor Internacional de Transporte Norte-Sul (INSTC), uma iniciativa multimodal com vários corredores, incluindo os portos russo de Astrakhan, no Mar Cáspio, até o porto iraniano de Chabahar, próximo ao Golfo Pérsico e voltado ao oceano Índico e, por fim, conectando-se ao porto indiano de Mumbai. Detalhe: a reaproximação entre arábia Saudita e Irã, ocorrida em 2023, representa um marco tanto da liderança chinesa em mediar grandes contenciosos como um giro da política regional do Oriente Médio. A Nova Rota da Seda, a OCX e o BRICS+ são oportunidades inéditas de realinhamentos diplomáticos cujos desdobramentos são desafiantes à ordem estruturada em torno da hegemonia de Washington.

2.3 A consolidação da parceria com a África

Grande parte dos países africanos já se integraram à Nova Rota da Seda por meio de acordos de cooperação junto à China, que representa a maior parceira comercial do continente, além de ser um dos mais importantes investidores e prestadores de ajuda oficial ao desenvolvimento, sobretudo com a densificação das relações sino-africanas que vem ocorrendo principalmente no período após a Guerra Fria. À época, o impulsionamento das relações decorria das movimentações chinesas, que visava driblar o possível isolamento internacional no contexto da repressão aos protestos na Praça da Paz Celestial, em 1989, e do sequencial colapso do campo socialista, além de buscar ampliar o acesso a recursos naturais e alimentícios, e abrir novos mercados para absorver sua rápida expansão comercial. Para o continente africano, tal relação veio a compensar um ciclo de marginalização decorrente dos efeitos da globalização neoliberal, cujos resultados se fizeram sentir na regressão do PIB, bem como no quadro de proliferação de epidemias e crises políticas.

Desde então, são ascendentes as relações entre a China e os países da África. Se em 1996 o fluxo comercial era de US$ 4 bilhões, em 2000 já chegava a US$ 10 bilhões e, em 2018, em quase US$ 185 bilhões – bem acima dos US$ 61,8 bilhões do fluxo comercial do continente com os Estados Unidos no mesmo ano. Nesse mesmo sentido, os investimentos externos diretos (IED) chineses na África vêm aumentando constantemente. Entre 2003 e 2018, o número passou de US$ 75 milhões para US$ 5,4 bilhões – ultrapassando o montante dos Estados Unidos desde

2014, já que o país tem diminuído seus investimentos na África desde 2010. Sobre os investimentos chineses, cerca de 75% dos trabalhadores utilizados são africanos; 70% dos empréstimos servem às obras de infraestrutura energética e de transporte; e, atualmente, muitos alavancam a industrialização através de Zonas Econômicas Especiais (ZEEs).

A proliferação de ZEEs nos países da África Oriental está fortalecendo as empresas chinesas nos mercados africanos e impulsionando setores industriais no continente. Com o FOCAC e, agora, a Nova Rota da Seda, as relações China-África tendem a ganhar outra plataforma de interação. Enquanto os parceiros tradicionais dos países africanos, como a União Europeia ou os Estados Unidos, reforçam a retórica antichinesa, muitos países africanos percebem o apoio da China como positivo para a própria trajetória de desenvolvimento e para beneficiar as aspirações da União Africana em cumprir os objetivos da Agenda 2063[25]. Há certo entendimento de que esses objetivos podem ser impulsionados pela Nova Rota da Seda, fortalecendo iniciativas como o Programa para o Desenvolvimento de Infra-estruturas em África (PIDA) no âmbito da NEPAD, contribuindo para a construção de mecanismos decisórios que contemplem soluções africanas para os problemas africanos, o que não é pouco para um continente saído da condição colonial há pouco mais de meio século.

A China também tem ampliado sua ajuda ao desenvolvimento no continente africano, com uma abordagem em relação à assistência externa, que enfatiza a soberania dos países destinatários e as relações de benefício mútuo. Suas origens remontam à construção da ferrovia entre Tanzânia e Zâmbia, até hoje uma das maiores obras de infraestrutura da África, fruto de acordo assinado em 1967 e concluída em 1975. A

25. Ver o livro **Rethinking the Silk Road** de Maximilian Mayer (2018), ed. Palgrave. No caso seu cap. 4: "Special Economic Zones: Integrating African Countries in China's Belt and Road Initiative" de Alexander Demissie.

partir da década de 1980, a ênfase da cooperação chinesa se deslocou do engajamento político para o âmbito econômico e comercial, refletindo o aprendizado chinês como receptor de investimentos estrangeiros no contexto do aprofundamento das reformas. No século XXI, a ajuda ao desenvolvimento prestada pela China ao continente aumentou constantemente, passando de US$ 631 milhões em 2003 para quase US$ 3,3 bilhões em 2018.

Em 2018, Pequim estabeleceu a Agência de Cooperação para o Desenvolvimento Internacional da China (CIDCA) para aprimorar seu modelo de ajuda ao desenvolvimento, centrado em fluxos financeiros de natureza concessionária (donativos, empréstimos sem juros). Já os créditos e investimentos ficam a cargo do Fundo de Desenvolvimento China-África, no âmbito do Banco de Desenvolvimento da China, ou do Fundo de Cooperação Industrial China-África, no âmbito do Banco Export-Import da China. O Fundo de Desenvolvimento China-África foi estabelecido em 2006 na terceira Cúpula do Fórum de Cooperação China-África com recursos da ordem de US$ 5 bilhões. Em 2015, Xi Jinping anunciou que a China injetaria mais US$ 5 bilhões nesse sentido, com foco em obras de infraestrutura e incentivos à industrialização e à modernização agrícola.

A relação da China com a questão agrícola na África é complexa, e sua análise necessita atentar para determinados aspectos fundamentais, uma vez que contempla desde mecanismos de ajuda ao desenvolvimento e cooperação técnica até vigorosos investimentos produtivos. E a retórica recorrente de que a China está adquirindo grande parte das terras agricultáveis e colonizando o continente não tem embasamento. Primeiro, porque a compra de terras é bem menor do que se costuma aventar; segundo, porque há investimentos variados que combinam desde produções para mercados locais até fazendas industriais em grande escala e subcontratações de agricultores africanos. Por fim, mas não menos importante, porque nem os africanos são espectadores passivos, tampouco a parceria com os chineses para modernizar a produção agrária é irrelevante, pois implica o encadeamento de cadeias de valor, na industrialização e na geração de excedentes. Vale lembrar que, se fosse impeditivo ao desenvolvimento, não seriam os Estados Unidos os maiores exportadores agrícolas do mundo[26].

O fato é que a interação China-África tem se intensificado, com destaque para o robustecimento da institucionalização da cooperação multilateral no século XXI. Seu mais relevante mecanismo tem sido o Fórum de Cooperação China-África (FOCAC), criado em 2000, cujas Conferências Ministeriais são realizadas a cada três anos, sediadas de forma alternada entre a China e os países africanos. Além de ambiciosos Planos de Ações, a cooperação conta com vários fóruns estabelecidos no âmbito do próprio FOCAC, tais como o Fórum do Povo China-África, o Fórum de Jovens Líderes China-África, o Fórum Ministerial de Cooperação em Saúde China-África, o Fórum de Cooperação Mídia China-África, a Conferência de Desenvolvimento e Redução da Pobreza China-África, o FOCAC-Fórum Jurídico, o Fórum sobre a China Cooperação entre governos locais, entre outros. As relações da China com a União Africana ou mesmo o papel da África do Sul no BRICS intensificam ainda mais essas interações.

Dessa forma, a Nova Rota da Seda tende a impulsionar tais iniciativas que vinham se desenvolvendo no âmbito do FOCAC. A prioridade da iniciativa chinesa no continente tem sido os países da África Oriental, incluindo aqueles no Chifre da África: Quênia, Egito, Djibouti, Tanzânia e Etiópia. No Quênia, a melhoria do porto de Mombasa e a

---

26. Sobre a temática, indicamos a leitura da obra **Will Africa Feed China?** de Deborah Bräutigam (2015), ed. Oxford University Press.

construção de um porto moderno em Lamu, com previsão de oleodutos ligando-o à Uganda e ao Sudão. No Djibuti, destacam-se a ferrovia Etiópia-Djibouti e o sistema de dutos para transportar água potável da Etiópia para Djibuti, bem como a modernização da ferrovia Etiópia-Djibuti, de 752,7 km. No Egito, país que liga a África à Europa e à Ásia, atravessado pelo Canal de Suez, há enormes investimentos, incluindo a construção de uma nova capital. Outros investimentos em infraestrutura de caracteres transnacionais e regionais são a ferrovia Mali-Guiné; o oleoduto Chade-Camarões; a ferrovia Sudão-Chade-Níger-Mali-Senegal; e o Projeto Transaqua, referente ao desvio de água envolvendo a República Centro-Africana e Chade.

Traçado esse quadro panorâmico, cabe refletirmos sobre as abordagens ocidentalistas voltadas a configurar a presença da China na África como imperialista ou neocolonial. E nisso reside o entrelaçamento entre a má-fé patrocinada pelo centro do sistema com certas tendências etnocêntricas e até mesmo profundas incompreensões teóricas acerca dessas dinâmicas. Por um lado, atribuir perfil neocolonial à atuação chinesa na África significa assumir o desconhecimento da história do imperialismo do século XIX e mesmo das práticas atuais das grandes potências norte-atlânticas, notadamente dos Estados Unidos, pautadas nas mais diversas ingerências externas diretas e indiretas em diversas regiões do globo[27].

Por outro lado, é preciso considerar que, apesar das assimetrias, há importantes pontos de convergência entre os países emergentes e os países periféricos, em razão das disputas pela distribuição de poder no mundo. Ou seja, o relacionamento Sul-Sul se torna uma alternativa crucial para resistir aos constrangimentos a que tais países são submetidos

27. Para mais informações, ver o artigo "The Belt and Road Initiative - Opportunities and Risks for Africa's Connectivity". Nancy Muthoni Githaiga, Alfred Burimaso, Wang Bing and Salum Mohammed Ahmed. **China Quarterly of International Strategic Studies**, Vol. 5, No. 1, 117–141.

ao adotarem seus projetos de desenvolvimento nacionais não alinhados aos interesses norte-atlânticos. Assim, não raramente, esses países mobilizam suas estruturas de poder e seus princípios legitimadores, como a defesa da "democracia", dos "direitos humanos" e da "liberdade" para impor seus interesses.

Em outras palavras, o imperialismo não pode ser reduzido ao processo de exportação de capitais, e de fato nunca foi, afinal, a soberania política, a autodeterminação e o desenvolvimento nacionais conformam, conjuntamente, uma complexidade infinita de variáveis. Se as relações interestatais estão impregnadas de interesses nacionais e corporativos, de conflitos e assimetrias, é preciso compreender os padrões de relacionamento levando em conta a correlação de forças e as alternativas políticas em questão. Não se pode, pois, negligenciar que as relações sino-africanas não têm sido baseadas em qualquer imposição de modelos político-institucionais e de ajustes macroeconômicos; não recorrem às práticas de desestabilização e ingerências políticas e militares; têm proporcionado vantajosas condições de financiamento e disposição para a cooperação tecnológica; e ainda possuem uma agenda diplomática em muitos aspectos convergentes no que se refere à reorganização da governança do sistema internacional.

É evidente que o governo chinês estabelece a cooperação defendendo seus interesses estratégicos, mas o fato de não ser altruísta e ter contradições não implica automaticamente práticas neocoloniais. Esse alarme desproporcional – e nada desinteressado – oculta que as potências ocidentais continuam a ter forte projeção sobre o continente africano. Desconsidera também que os créditos de exportação da China refletem o aprendizado com o padrão de cooperação do Japão: trocar créditos com taxas competitivas, vinculados à aquisição de máquinas, equipamentos e serviços de construção chineses, com pagamento em petróleo ou outros recursos. A realidade das relações internacionais impõe aos países periféricos explorar as oportunidades sistêmicas, sabendo-se que a China coopera sem imposições, porém refletindo sua confiança no desenvolvimento como força motriz - afinal, não obstante as contradições, o país vem registrando acelerado crescimento econômico há décadas, ao tempo em que logrou erradicar a extrema pobreza de sua sociedade. Dessa forma, reduzir a cooperação entre os países africanos e a China ao mero interesse chinês de importação de recursos naturais ou de suposta sustentação de governos corruptos e autoritários é uma evidente negligência de seu conteúdo, bem como da própria natureza da divisão internacional do trabalho e do amplo histórico de assimetria e subjugação nas relações entre os africanos e as potências ocidentais.

Assim, a Nova Rota da Seda representa o aprofundamento da institucionalização das relações sino-africanas forjadas a partir do FOCAC. A complementaridade entre China e África é virtuosa, num quadro de mudança das estruturas de poder e riqueza. O continente africano, que ajudou a China a emular padrões de cooperação, agora se depara com formas mais maduras de cooperação internacional desencadeadas pela própria Nova Rota da Seda. Tudo isso reforça o argumento de que há uma rápida mudança nos eixos geoeconômicos do mundo.

2.4 A projeção para a América Latina e os desafios brasileiros

Antes de tratar especificamente da implementação da Nova Rota da Seda na América Latina e no Caribe[28], se faz importante contextualizar as relações da China com os países do subcontinente. Além do acelerado desenvolvimento do país asiático, o notável incremento da demanda

28. Ver Pautasso; Nogara; Ungaretti; Doria (2020). A Iniciativa Cinturão e Rota e os dilemas da América Latina. **Revista Tempo do Mundo**, v. 24, p. 77-106.

por recursos naturais, energéticos e alimentares conjugado com o *boom* das *commodities* na primeira década do século XXI impulsionaram vigorosamente o fluxo comercial entre as partes. Assim, o comércio entre China e América Latina saltou de US$ 12 bilhões, em 2000, para mais de US$ 224 bilhões, em 2016, chegando a US$ 300 bilhões em 2019.

Para a América do Sul, a China já se consolidou como principal parceiro comercial em nível global, e, quando considerada a América Latina como um todo, o país asiático se posicionou na segunda colocação, atrás apenas dos Estados Unidos. A pauta exportadora da região segue concentrada em produtos primários: os principais produtos de exportação permanecem sendo a soja, o petróleo e minérios (cobre e ferro). Em conjunto, esses produtos correspondem a mais da metade das exportações da América Latina para a China. Alguns países apresentam superávit comercial (Brasil, Peru e Chile) e outros, déficit (México e Colômbia).

Em paralelo à expansão comercial, a presença da China no subcontinente também incrementou investimentos e concessão de empréstimos, predominantemente para a realização de projetos de infraestrutura. Entre 2005 e 2020, a combinação do IED chinês e dos projetos de construção na América do Sul totalizou US$ 178 bilhões, sendo que, desse total, US$ 165,78 bilhões foram alocados na região após 2010[29]. O destaque vai para o setor energético, que concentrou grande parte desses investimentos e somou, entre 2005 e 2020, mais de US$ 100 bilhões.

O financiamento chinês para a América Latina também se incrementou de maneira significativa ao longo da última década, especialmente por meio da atuação de dois bancos públicos chineses: o CDB e o Export-Import Bank of China. Ambas as instituições financeiras realiza-

---

29. Conferir dados do China Global Investment Tracker, elaborado pelo AEI, disponíveis em: https://www.aei.org/china-global-investment-tracker/.

ram empréstimos aos governos da América Latina e às empresas chinesas interessadas em ingressar no mercado da região. Desde 2005, essas instituições emprestaram mais de US$ 137 bilhões a países da América Latina e Caribe (ALC), sendo os quatro primeiros, nesta ordem, Venezuela (US$ 62,2 bilhões), Brasil (US$ 28,9 bilhões), Equador (US$ 18,4 bilhões) e Argentina (US$ 17,1 bilhões). Os setores energético e de transportes igualmente se destacaram como principais receptores do financiamento chinês, concentrando grande parcela dos capitais alocados nos países latino-americanos.

Em termos de investimentos em infraestrutura, os países da ALC estão aderindo rapidamente àqueles disponibilizados pelo AIIB e pela Nova Rota da Seda, ambos liderados pela China. As empresas e os bancos chineses têm indicado interesse em aproximadamente 150 projetos de infraestrutura de transporte na ALC e, até 2018, cerca de metade desses projetos havia entrado em alguma fase de construção. Entre as empresas que realizam tais projetos estão gigantes da construção como a China Harbour Engineering Company (CHEC) e a China Railway Construction Corporation, além das petrolíferas chinesas Sinopec e Sinohydro[30]. Com a Operação Lava Jato no Brasil – que desarticulou grande parte das empreiteiras nacionais –, a desidratação do Banco Nacional de Desenvolvimento Econômico e Social (BNDES) e o recuo da liderança do país na UNASUL, abriu-se espaço para a China assumir protagonismo nesse âmbito.

De modo a elucidar essa crescente projeção econômica da China na América Latina, cabe exemplificar determinados projetos de investimento. No Brasil, o setor elétrico tem se caracterizado como principal receptor de capitais chineses, com atuação destacada das empresas *State*

30. Ver reportagem disponível em: https://www.thedialogue.org/blogs/2018/11/chinas-transport-infrastructure-investment-in-lac-five-things-to-know/.

Grid e *China Three Gorges*. Além de vultosas aquisições, como no caso da CPFL Energia, a *State Grid* liderou, em 2017, o consórcio responsável pela construção da primeira linha de transmissão de energia elétrica, de aproximadamente 2 mil quilômetros, que conecta a usina hidrelétrica de Belo Monte aos centros consumidores, no Sudeste do País. Em 2019, a segunda linha de transmissão, com extensão de 2,5 mil quilômetros, também foi concluída, tendo sido construída inteiramente pela *State Grid*, ao custo de US$ 2,2 bilhões. O Peru tem sido outro destino preferencial de investimentos chineses, sobretudo no setor de cobre, a exemplo do projeto de Las Bambas, cujos aportes financeiros chegaram a US$ 5,850 bilhões, representando o maior empreendimento chinês no país sul-americano. Por fim, na Argentina, esses investimentos têm em parte se direcionado à construção de barragens para geração de energia hidrelétrica, ao passo que também se destaca o projeto de renovação da rede ferroviária Belgrano Cargas, em valor superior a US$ 2 bilhões.

Paralelamente, a China tem estabelecido maior institucionalidade para a cooperação multilateral com o subcontinente. Nesse sentido, deve-se destacar a criação do Fórum China-CELAC e a assinatura de memorandos de entendimento e acordos de cooperação em torno da ampliação da Nova Rota da Seda para a América Latina. Com a decisão de suspender sua participação na CELAC em janeiro de 2020, o governo Bolsonaro abriu ainda mais espaço para o protagonismo chinês na região. O fato é que a China tem firmado tratados de livre comércio com países da região e ampliado o seu envolvimento multilateral, como atestam o ingresso como observador na Organização dos Estados Americanos (OEA), como membro do Banco Interamericano de Desenvolvimento (BID) e como consultor do Mercado Comum do Sul (MERCOSUL).

Além disso, o país asiático firmou parcerias estratégicas com relevantes atores regionais, como Brasil, Argentina, Chile, México, Peru e

Venezuela. No caso do Brasil, as relações foram alçadas à condição de parceria estratégica global em 2012. Ainda como evidência do caráter estratégico da América Latina para Pequim, cabe mencionar as publicações, em 2008 e 2016, do *China's Policy Paper on Latin America and the Caribbean*[31], cujo conteúdo detalha as áreas de cooperação e as convergências entre Pequim e os países latino-americanos.

Na ocasião do II Fórum China-CELAC, em 2018, sediado em Santiago, os governos latino-americanos e chinês emitiram uma declaração especial sobre a Nova Rota da Seda. Na nota, é expresso que a iniciativa é amplamente compartilhada pela comunidade internacional e considera-se que os países da ALC constituem parte da extensão natural da Rota da Seda Marítima. Em termos bilaterais, dezenove países latino-americanos assinaram acordos de cooperação em torno da Nova Rota da Seda. Desses dezenove, oito países são da América do Sul (Bolívia, Chile, Equador, Guiana, Peru, Suriname, Uruguai e Venezuela), três da América Central (Costa Rica, El Salvador e Panamá), e oito são do Caribe (Antígua e Barbuda, Barbados, Cuba, Dominica, República Dominicana, Granada, Jamaica e Trinidad e Tobago). Destaca-se, ainda, que seis países sul-americanos aderiram formalmente à Nova Rota da Seda e também ao AIIB, sendo eles: Uruguai, Bolívia, Peru, Chile, Equador e Venezuela.

Considerando a consistente e progressiva evolução do relacionamento sino-latino-americano ao longo deste século, cabe elencar as ações e perspectivas inseridas dentro desse contexto de ampliação do projeto chinês de globalização para o subcontinente. No primeiro BRF, em 2017, participaram os presidentes Mauricio Macri (Argentina) e Michelle Bachelet (Chile) – registre-se que tanto Temer quanto Bolsonaro desprestigiaram a iniciativa. Em comunicado emitido em conjunto

31. Disponível em: https://bit.ly/3s9YPzq.

com o presidente argentino, o presidente Xi Jinping já havia sinalizado o que mais tarde veio a ser referendado na declaração especial emitida pelo Fórum China-CELAC, isto é, o subcontinente constitui uma extensão natural da Nova Rota da Seda, representando uma plataforma de cooperação mutuamente benéfica.

O Panamá, país centro-americano estratégico por questões logísticas ligadas ao canal interoceânico, estabeleceu relações diplomáticas com Pequim em 2017 e aderiu à iniciativa chinesa. Seguindo o Panamá, outras nações passaram a manifestar interesse, tais como o Peru que ingressou em 2019, país que é o segundo destino de IED chinês depois do Brasil. A assinatura do memorando de entendimento sino-peruano ocorre dez anos após a assinatura do tratado de livre comércio entre os dois países e reforça as perspectivas de investimentos não somente no setor mineiro – como já acontece em projetos como os de Las Bambas, Toromocho (cobre) e Marcona (ferro) – mas também em infraestrutura. Além da possibilidade de retomar o projeto da ferrovia bioceânica, a adesão peruana à iniciativa chinesa se assenta na expectativa de investimentos em projetos como o do megaporto de Chancay e de outro em Ilo.

Na Venezuela, o financiamento e a construção da central termelétrica de La Cabrera e da usina elétrica de El Vigía. Na Bolívia, está em curso a ampliação de um trecho na rodovia que liga Santa Cruz de la Sierra a Cochabamba, bem como projetos para a exploração de lítio na região sul do país. Em 2019, o Grupo Xinjiang TBEA anunciou, em conjunto com a estatal boliviana Yacimientos de Litio Bolivianos (YLB), a criação de uma empresa mista para a construção de fábricas de carbonato de lítio nos salares de Coipasa, em Oruro, e Pastos Grandes, em Potosí. O projeto, todavia, vem passando por escrutínio do governo provisório boliviano, lançando dúvidas sobre a possibilidade de sua execução. O Chile, membro da Nova Rota da Seda, já recebeu investimentos chineses nos setores agrícola, mineiro e energético, totalizando US$ 11,67 bilhões entre 2005 e 2020. O Equador é o país sul-americano que mais tem projetos sob a bandeira da Nova Rota da Seda, abrangendo obras de centrais hidrelétricas, empreendimentos em minas de cobre e modernização da infraestrutura de transportes. A Colômbia vem adotando uma postura de cautela em relação à adesão à Nova Rota da Seda, apesar de interessada no aprofundamento dos laços de comércio e investimento, assim como em projetos em infraestrutura e no setor de energia.

O Uruguai assinou um memorando de entendimento com a China em agosto de 2018, sendo o primeiro país do MERCOSUL a aderir à iniciativa chinesa. O caso do Paraguai é mais complexo, porque mantém relações diplomáticas com Taiwan e, por isso, está naturalmente alijado de quaisquer intentos voltados à iniciativa liderada por Pequim. Após um período de aproximação com a China, a Argentina sob Milei tem seguido um caminho de distanciamento. O Brasil, por sua vez, tem potencializado ainda mais seus laços de cooperação com os chineses após a eleição de Lula.

Deve-se mencionar, ainda, a projeção da Nova Rota da Seda sobre o conjunto da América Central e Caribe. Primeiramente, é oportuno ressaltar que os vínculos econômicos da China com os países da região são menos intensos do que com os da América do Sul, em razão da ausência de recursos naturais e minerais em abundância e da proximidade (geográfica, política, econômica e social) com os Estados Unidos. Em segundo lugar, apesar do ingresso de diversos países caribenhos e centro-americanos na Nova Rota da Seda, há interpretação de que seus efeitos podem ser de alcance limitado, ainda mais se levarmos em consideração a ausência de endosso do México, que possui uma forte relação de interdependência com a economia estadunidense.

O fato é que os investimentos em infraestrutura têm sido, historicamente, um óbice da integração subcontinental sul-americana. Justamente para responder à integração física regional e completar a ligação interoceânica que surgiu a IIRSA em 2000, depois incorporada pelo COSIPLAN da UNASUL. Com as mudanças políticas em curso na região, a UNASUL foi fragilizada, junto com a liderança brasileira, interrompendo grande parte desses projetos. Nesse contexto, a Nova Rota da Seda representa uma oportunidade para os países da região na superação dos gargalos infraestruturais - explorando, inclusive, a rivalidade sino-estadunidense.

É bom lembrar que durante a rivalidade bipolar soviético-estadunidense Washington priorizou a dimensão ideológica e securitária - com a criação da OEA e do Tratado Interamericano de Assistência Recíproca (TIAR), bem como com a Doutrina de Segurança Nacional e a escalada de regimes de exceção no subcontinente. Com efeito, a reivindicação por cooperação econômico-comercial, demandando investimentos em infraestrutura, crédito acessível e mecanismos de ajuda ao desenvolvimento, ficou relegada a segundo plano, como foi o caso da proposição brasileira da Operação Pan-Americana (OPA), durante o governo de Juscelino Kubitscheck. Mesmo que tenha influenciado a criação do BID e da Aliança para o Progresso, a repercussão regional da Revolução Cubana recrudesceu a lógica securitária da bipolaridade. Nesse quadro, a capacidade de barganha da América Latina se estreitou.

Diante das limitações impostas pelo cenário da ordem bipolar, os países latino-americanos apostaram na conformação de distintos e fragmentados mecanismos multilaterais de cooperação. Com maior alcance e amplitude, constaram iniciativas como a Associação Latino-Americana de Livre Comércio (ALALC), o Sistema Econômico Latino-Americano e do Caribe (SELA), a Associação Latino-Americana de Integração (ALADI) e o Mecanismo Permanente de Consulta e Concertação Política da América Latina e do Caribe (Grupo do Rio), desdobramento das articulações entre o Grupo de Contadora e o Grupo de Apoio à Contadora. Territorialmente localizados, surgiram instrumentos de cooperação tais como o Pacto Andino, o Tratado de Cooperação Amazônica (TCA), a Organização dos Estados Centro-Americanos (ODECA), o Mercado Comum Centro-Americano (MCCA) e o Mercado Comum e Comunidade do Caribe (Caricom). A geometria variável desses distintos e complexos arranjos levou Tokatlian (2012) a cunhar o conceito de complexo integracionista, englobando o conjunto de interações entre elementos de integração, concertação, união, cooperação, regionalismo e multilateralismo. Com o fim da Guerra Fria, a Iniciativa para as Américas, em junho de 1990, o Consenso de Washington, de 1989, e as negociações para a implantação de uma Área de Livre Comércio das Américas (ALCA), em 1994, só recrudesceram as dificuldades da América Latina.

A conformação do MERCOSUL, em 1991, posteriormente, a Iniciativa para a Integração da Infraestrutura Regional Sul-Americana (IIRSA) e as ascensões da Comunidade Sul-Americana de Nações (CASA), da UNASUL, da Aliança Bolivariana para os Povos da Nossa América (ALBA) e da CELAC têm representado esforços regionais de integração e superação de constrangimentos extrarregionais. É nesse contexto que a China passa a assumir papel crucial para os países latino-americanos. O Fórum China-CELAC, criado em 2014, e a ampliação da Nova Rota da Seda para a região representam oportunidades para forjar ferramentas multilaterais hemisféricas que escapem aos mecanismos herdados da Guerra Fria.

Apesar do vigoroso e remanescente poderio de Washington, são evidentes suas dificuldades em fornecer mecanismos de cooperação capazes de rivalizar com os chineses em determinados segmentos das esferas comercial e financeira, tais como os investimentos em infraestrutura. Washington está com dificuldades de encaminhar uma alternativa à região para além da lógica do recrudescimento das dimensões securitária e político-ideológica aos moldes da antiga Guerra Fria cujo centro agora é a contenção da China.

Paradoxalmente, a sequencial queda dos governantes de esquerda e centro-esquerda da América Latina pode inclusive favorecer a China. Afinal, o refluxo de iniciativas tais como a da UNASUL e a da CELAC, a desidratação da liderança regional do Brasil, o retraimento da participação dos bancos de fomento - Corporação Andina de Fomento (CAF) e BNDES - em obras de infraestrutura e o processo de desarticulação das empreiteiras brasileiras limitaram as alternativas propriamente regionais aos dilemas econômicos locais. Portanto, quando os Estados Unidos não fornecem mecanismos substitutivos para tais demandas, abrem espaço para o fortalecimento das iniciativas de Pequim, notadamente da Nova Rota da Seda. Isso posto, o fato é que, praticamente indiferente às mudanças político-ideológicas dos governos, a interação da China com os países da região aumenta. Além disso, o modelo de cooperação ensejado pela Nova Rota da Seda dispensa o multilateralismo como caminho central para sua implementação, podendo se beneficiar, ainda que indiretamente, da desarticulação do antes virtuoso ciclo do regionalismo latino-americano.

2.5 A conexão com a Europa

A Nova Rota da Seda pode ser compreendida em múltiplas dimensões. Trata-se de um movimento de integração que tem ambições globais e, consequentemente, efeitos sistêmicos. Como já tratamos, a Europa faz parte do segundo círculo concêntrico da iniciativa chinesa. Ou seja, para além da vizinhança imediata da China, a Eurásia se constitui como espaço importante do projeto de integração regional. Resta saber como o continente europeu vai se integrar a este processo de integração sob liderança de Pequim, cujos desdobramentos parecem decisivos para as novas configurações de poder mundiais.

O eixo principal do mundo começou a se deslocar para a região norte-atlântica desde as Grandes Navegações, consolidando-se após a Primeira Revolução Industrial. A liderança sobre este eixo se afirmou durante as Guerras Mundiais. Logo, para Washington, o projeto chinês representa a mais importante ameaça à aliança transatlântica desde a bipolaridade. A depender das escolhas de Bruxelas, pode minar a unidade da União Europeia, dada a incapacidade de coordenar e centralizar as políticas industriais e de infraestrutura continentais.

No relatório do *think thank* Council of Foreign Relations, intitulado *China's Belt and Road: Implications for the United States*[32], diz, com todas as letras, que a iniciativa chinesa é "o maior programa de infraestrutura do mundo" e "representa um desafio significativo para os interesses econômicos, políticos, climáticos, de segurança e de saúde globais" dos Estados Unidos. Diz ainda que tal iniciativa visa "minar a estabilidade macroeconômica global e aumentar a probabilidade de que as crises da dívida se materializem nos próximos anos" ao prender "os países aos ecossistemas chineses pressionando sua tecnologia e padrões técnicos preferenciais para os destinatários da Nova Rota da Seda". Além disso, faria os países adotarem pacotes de obras de infraestrutura rápidas e de fácil execução, mas renunciando às questões de "impacto ambiental e social, e ignorando as melhores práticas de gerenciamento de projetos, tolerando atividades corruptas". Como solução, o relatório sugere que os Estados Unidos devem se focar em seus aliados, centrando em seus

32. Ver relatório completo, disponível em: https://www.cfr.org/report/chinas-belt-and-road-implications-for-the-united-states/.

pontos fortes, tais como "tecnologias de ponta, empresas de classe mundial, fundos de capital, uma história de liderança internacional" baseado no "apoio ao Estado de Direito e práticas comerciais transparentes".

Apesar do entendimento da elite estadunidense, o fato é que o efeito gravitacional da China tem se aprofundado, inclusive sobre os países europeus. Em 2015, Reino Unido, Alemanha, França e Itália aderiram ao *Asian Infrastructure Investment Bank* (AIIB), o principal banco multilateral vinculado à Nova Rota da Seda, e conduzido pelas orientações estratégicas de Pequim. Assim, têm se ampliado os investimentos chineses no velho continente, incluindo a participação do Silk Road Fund em cooperação com o Fundo Europeu de Investimento (European Investment Fund - EIF). Não são poucos os acordos e as parcerias firmadas recentemente com os países que estão no escopo da iniciativa chinesa. Outro efeito é o expressivo aprofundamento da atração da rota do Canal de Suez e dos portos do Mediterrâneo, em detrimento de Gibraltar e dos portos do norte da Europa como Rotterdam e Hamburgo. Assim, progressivamente se reforça a rota Europa-Extremo Oriente, que ganha peso absoluto e relativo diante da rivalidade com o comércio norte-atlântico.

A maior empresa de navegação estatal da China, a COSCO, está investindo maciçamente em infraestrutura portuária na região mediterrânea. O porto dos Piraeus (Grécia) liga-se à linha ferroviária Budapeste-Belgrado, financiada pelo Banco de Exportação-Importação da China, sob gestão da *China Railway International Corporation*. Ao deslocar parte das cargas da China para a Europa da rota Atlântico-Norte europeu para a rota Canal de Suez-Balcãs, o tempo de transporte se reduz entre sete a dez dias. Nesse sentido, ganha mais importância a cúpula China-PECO, formada por 16 países da Europa Central e Oriental em 2012 por iniciativa de Pequim, sendo 11 estados membros da

UE e cinco países dos Balcãs: Albânia, Bósnia e Herzegovina, Bulgária, Croácia, República Tcheca, Estônia, Hungria, Letônia, Lituânia, Macedônia, Montenegro, Polônia, Romênia, Sérvia, Eslováquia e Eslovênia. A também chamada Cúpula 16 + 1 se converteu num mecanismo para impulsionar a iniciativa chinesa no continente.

Nessa linha, a Grécia e a Polônia representam importantes pontos de passagem para a China acessar a Europa, assim como as estratégicas relações com a Alemanha também são de enorme relevância para o êxito da iniciativa, já que o país representa o ponto final da ferrovia que liga Chongqing, Xinjiang e Duisburgo. A cidade alemã é a porta de entrada de trens que integram a Iniciativa do Cinturão e Rota na Europa, constituindo o centro de distribuição para o restante da União Europeia (UE)[33].

Há uma evidente revolução logística com implicações geoeconômicas e geopolíticas, pois a malha Europa-China de trens se torna cada vez mais complexa e integrada. Enquanto o diferencial de custo entre a ferrovia e o oceano se estreita, o diferencial de tempo de trânsito se amplia, já que os primeiros giram entre 12 e 20 dias e os segundos chegam a mais de um mês. Ademais, os trens cobrem uma rede cada vez maior de cidades nos continentes europeu e asiático – e desde que o primeiro trem de carga China-Europa partiu de Chongqing em março de 2011, o serviço atingiu mais de 160 cidades em 22 países europeus.

Um balanço do comércio da China com a União Europeia nos ajuda a compreender a dinâmica em jogo. Em 2010, o comércio sino-europeu era de cerca de US$ 350 bilhões, contra US$ 345 bilhões do sino-americano, e em 2020 de mais de US$ 586 bilhões, *versus* US$ 555,5 bilhões com os Estados Unidos. A tendência é que a diferença entre o comércio do bloco europeu e a China se amplie face à economia esta-

33. Ver **The Belt And Road Initiative: What Will China Offer The World In Its Rise**, de Wang Yiwei (2016), ed. New World Press.

dunidense, sobretudo com as facilidades logísticas proporcionadas pela infraestrutura implantada a partir da Nova Rota da Seda. Naturalmente, o efeito gravitacional geoeconômico rebate sobre a influência geopolítica, produzindo disjuntivas no longo prazo.

Em fins de 2020, a China e a União Europeia avançaram em um acordo bilateral de investimento. Posteriormente, o Parlamento europeu votou a favor da suspensão do processo de ratificação desse acordo sobre investimentos com Pequim. Os atritos se intensificaram porque Bruxelas impôs sanções contra autoridades chinesas acusadas de participarem da repressão aos muçulmanos uigures em Xinjiang.

A Europa encontra-se diante de um cenário extremamente complexo. Região que liderou o mundo a partir das Grandes Navegações, perdeu a liderança para os Estados Unidos durante o ciclo das Guerra Mundiais, mas manteve-se como "sócio menor" no domínio mundial a partir do Atlântico Norte. Desde então, o continente europeu vem passando por um envelhecimento multifacetado. A situação demográfica tem tendências preocupantes, com crescimento vegetativo incapaz de repor a população. Além de pressionar tanto a previdência e o sistema de saúde, faz encolher a população economicamente ativa (PEA). No mesmo sentido, muitos setores produtivos perdem competitividade para outras regiões emergentes. No campo político, a democracia e as instituições políticas perderam credibilidade, enquanto o tecido social se fragmenta com o crescimento das desigualdades e ódios interétnicos.

O processo de integração europeu, iniciado no Pós-Guerra com a Comunidade Econômica do Carvão e do Aço (1951) e, depois, com a Comunidade Econômica Europeia (1957), foi o que mais avançou desde então. Tanto na integração de suas instituições quanto de sua moeda comum, o euro. Todavia, as forças centrífugas são intermitentes e importantes, incluindo as inúmeras regiões separatistas, o fortalecimento das tentativas de abandono do bloco, além da proliferação de partidos anti-UE nos dois extremos dos espectros políticos nacionais.

Outro dilema dos europeus é entre o atlantismo e o eurasianismo. Por um lado, impera a continuidade da imposição da liderança dos Estados Unidos reinante desde o pós-guerra, que à época teve seus sustentáculos na implementação do Plano Marshall e nos apelos ideológicos da Doutrina Truman. Por outro, são gradualmente potencializadas as possibilidades que se abrem com a Nova Rota da Seda sob liderança da China. Nesse sentido, tem se consolidado um panorama no qual se torna alto o custo para Bruxelas acompanhar certas agendas de Washington, como as sanções à Rússia ou a escalada militar na Síria, cujos efeitos foram a interdição de fluxos comerciais, os revezes migratórios e os atentados terroristas, entre outros. Ademais, parece claro que o eixo geoeconômico do mundo se desloca para a Ásia Oriental e, portanto, as escolhas das lideranças europeias podem ter impactos no longo prazo.

A China, por seu turno, estende a infraestrutura da Nova Rota da Seda para a Europa. Assim, amplia seu efeito gravitacional geoeconômico sobre o continente, dando ênfase aos "elos frágeis", como Grécia e Itália. Certamente, os interesses materiais estão se inclinando na direção de Pequim, tornando o custo de manutenção das preferências políticas com Washington cada vez mais disfuncionais. Essas contradições de fundo tendem a atravessar cada vez mais os processos decisórios de Bruxelas, tensionando a própria unidade do bloco europeu e deste com seu aliado histórico, os EUA.

Nesse sentido, o conflito russo-ucraniano, escalado em fevereiro de 2022 com a chamada Operação Especial, representa também uma tentativa de interdição das relações da Rússia e da China com a Europa, incluindo a Nova Rota da Seda. A Ucrânia fazia parte do Corredor Nova

Ponte Terrestre, principalmente por meio de ligações ferroviárias. Com efeito, o conflito redefine a conectividade China-UE para as rotas marítimas por enquanto. Mas, para além das ligações logísticas, a questão de fundo continua a ser como a diplomacia da União Europeia vai responder às aceleradas transformações no quadro de forças globais e seus consequentes realinhamentos nas relações políticas e nos fluxos de riquezas.

2.6 Os desafios securitários da Nova Rota da Seda

Se é possível considerar a Nova Rota da Seda um projeto chinês de globalização, é evidente que as conexões envolvendo a grande faixa territorial eurasiática constituem seu núcleo prioritário. O protagonismo chinês na região tem aumentado sensivelmente nos últimos anos, e tende a se aprofundar com os avanços nos processos de integração regional. É nesse contexto que cabe avaliar os desafios securitários dessa iniciativa de integração liderada pela China, tendo em vista que tensiona a primazia global estadunidense e, portanto, Washington mobiliza múltiplas estratégias para conter o processo de integração global. Entendemos, pois, que tal dinâmica eurasiática aprofunda a rivalidade sino-estadunidense, recrudescendo uma espécie de encruzilhada sistêmica, fruto de uma complexa transição de poder e até civilizacional.

A China está aumentando sensivelmente sua capacidade de remodelar a ordem mundial.. A ambição de implementação da Nova Rota da Seda, contudo, é compatível não somente com os desafios ao desenvolvimento e à integração regional, mas também com a solução de diversos dilemas relacionados aos seus desafios securitários contemporâneos. Estes abarcam, por exemplo, as ainda persistentes ameaças à integridade territorial da China, elucidados pela persistência de movimentos separatistas, com maior ou menor força, em Xinjiang, Taiwan e no Tibete, bem como nas ondas de desestabilização em Hong Kong, todas entrelaçadas com interesses estrangeiros. Não é difícil de encontrar afirmações no *establishment* dos Estados Unidos acerca do objetivo de "encorajar dissidentes", treinar secretamente "separatistas insurgentes", "acentuar as contradições no coração da ideologia comunista chinesa". O desmembramento da China é o novo *Great Game* impulsionado pelos estadunidenses, replicando a contenção e o objetivo de desintegração territorial da potência desafiante tal como ocorrera com a União Soviética. Não obstante as particularidades históricas, não é exagerado dizer que 1989 foi a primeira tentativa de "revolução colorida" na Praça da Paz Celestial. Desde então, persiste o desafio do PCCh de evitar o desmembramento da China e o colapso do regime diante da estratégia de contenção e desestabilização irradiante de Washington.

Tais desafios também dizem respeito ao entorno regional imediato. Na Ásia Central, persistem focos de difusão do crime organizado transnacional vinculado ao tráfico de drogas e de armas, além de ardentes disputas por enclaves territoriais. Na Bacia do Pacífico, os arcos de desestabilização vão desde a interminável divisão da Península Coreana, passando pelos litígios no Mar do Sul da China, e pelo domínio das ilhas Senkaku/Diaoyu. Além disso, é ostensiva a presença militar estadunidense na região em países como Coreia do Sul, Japão, Tailândia, Malásia e Filipinas. Soma-se a isso a forte presença militar dos Comandos do Pacífico (PACOM), do Comando Europeu (EUCOM) e do Comando Central (CENTCOM).

Mais recentemente, o propagandismo ocidental contra as iniciativas chinesas tem proliferado ataques ao que denomina como a construção de um "colar de pérolas" chinês circundando estrategicamente o território indiano. A China enseja a construção e a modernização dos portos de Colombo e Hambantota, no Sri Lanka; Gwadar, no Paquistão;

Chittagong, em Bangladesh; Ilha Meday, em Mianmar; e Port Victoria, nas Seychelles. Junto do Corredor Econômico China-Paquistão, tais iniciativas constituem o núcleo da rivalidade sino-indiana, conformando o *colar de pérolas*, percebido pela Índia como um desafio à sua atuação regional, e concorrendo também com as já estabelecidas presenças dos Estados Unidos e da Índia no oceano Índico. Por um lado, Washington segue como garantidor dos esquemas de segurança regional, ancorado em alianças militares que se estendem desde o Golfo Pérsico até o Sudeste Asiático, como fica claro no *Quadrilateral Security Dialogue* (QUAD), diálogo estratégico informal entre Estados Unidos, Japão, Austrália e Índia, iniciado em 2007. Por outro, a Índia tem buscado fortalecer sua presença regional com iniciativas como a criação, em 2014, do grupo IO-5 – envolvendo Maldivas, Ilhas Maurício, Seychelles e Sri Lanka – e novas parcerias bilaterais no Leste Africano, casos de Moçambique e Madagascar, no Golfo Pérsico, casos de Omã e Qatar, e no Sudeste Asiático, junto de Indonésia, Singapura e Vietnã, e o estabelecimento de acordos logísticos com os Estados Unidos e a França.

Destaca-se ainda a criação, em 2012, do *Indian Ocean Naval Symposium* (IONS), com a presença das marinhas de 24 países e oito observadores externos, incluindo a Ilha Diego Garcia, até Etiópia e posições-chave no Golfo Pérsico (Catar e Bahrein); a *Indian Ocean Rim Association* (IORA), com 21 membros e dez parceiros de diálogo, incluindo Estados Unidos, China, Japão e Coreia do Sul; o renascimento da Iniciativa da Baía de Bengala (BIMSTEC), criada em 1997, com quase todos os países do Sul da Ásia, exceto o Paquistão, somando ainda Mianmar e Tailândia; os exercícios navais de Malabar (Índia, Estados Unidos e Japão); e o estreitamento dos laços com os países da ASEAN. Este colar de pérolas ampliado culmina no Chifre da África e adentra o continente, região de crescente ascendência chinesa, cuja institucionalização remonta ao FOCAC, formalmente estabelecido em 2000, com encontros trienais e Planos de Ação robustos.

Os arcos de desestabilização da grande Eurásia e dos processos de integração regional também abarcam as bordas ocidentais da Eurásia. A expansão da OTAN para o Leste Europeu; as intervenções militares que vão desde a desintegração da Iugoslávia até a Guerra Global ao Terror, com a invasão do Afeganistão e subsequentemente do Iraque; as guerras por procuração e agressões à Síria; o cerco e as ameaças ao Irã; bem como uma sistemática política anti-russa, que inclui de rusgas militares a sanções; e as "revoluções coloridas" na Sérvia em 2000, Geórgia em 2003, Quirguistão em 2005 e Ucrânia em 2004 e 2014. Todas essas iniciativas consolidam uma fenda entre as porções ocidentais e orientais da Eurásia, dificultando a construção e a estabilização de iniciativas que visam à integração voltada à cooperação e ao desenvolvimento comum das nações.

Entre os instrumentos políticos para desestabilização do processo de integração, destacam-se um conjunto de narrativas voltadas a deslegitimar a iniciativa chinesa. Uma delas refere-se à armadilha da dívida (*debt trap*), cujo caso mais famoso teria sido o do Porto Hambantota[34] – um exemplo de como Pequim supostamente subordinaria seus parceiros por meio do endividamento, sobretudo agora com a Nova Rota da Seda. Ironicamente, muitos desses argumentos partem dos países ocidentais, cujo histórico de levar países à bancarrota não caberia nessas linhas – como evidentes em episódios tais como as crises de dívida externa dos países terceiro-mundistas nos anos 1980 e a onda de ajustes estruturais impostos pelo FMI aos países em desenvolvimento nos anos 1990.

34. Ver artigo de "The Chinese Debt Trap Is a Myth: The Narrative Wrongfully Portrays Both Beijing and the Developing Countries It Deals With" de Deborah Brautigam and Meg Rithmire (2021), disponível em: https://www.hbs.edu/faculty/Pages/item.aspx?num=59720.

Considerando a abrangência da Nova Rota da Seda e o número de projetos envolvidos, é natural que haja reveses e problemas. O próprio governo chinês busca regulamentar as instituições financeiras e as empresas estatais (SOEs), por vezes com atuação fragmentada ou não coordenada integralmente - pois competem entre si por desempenho. Ademais, os governos beneficiários são açodados por investimentos, em razão de uma teia de interesses políticos domésticos, apresentando projetos nem sempre adequados, com implicações políticas, sociais e ambientais contraditórias. Inclusive em razão disso, o governo chinês emitiu os Princípios Orientadores sobre o Financiamento do Desenvolvimento do Cinturão e Rota e a Sustentabilidade da Dívida como forma de responder às críticas. A questão de fundo é que Pequim tem se projetado a partir de investimentos em infraestrutura, deixando Washington e seus aliados à margem dessa transformação geoeconômica que ocorre na periferia do sistema.

Outra narrativa recorrente informa que a Nova Rota da Seda trata-se de um novo Plano Marshall chinês. Inegavelmente, tanto o Plano Marshall quanto a Nova Rota da Seda surgiram em momentos disfuncionais da ordem mundial, como as Grandes Guerras e a Crise Financeira de 2007 e 2008, projetando suas respectivas lideranças. Tais iniciativas permitem impulsionar as exportações de economias com excesso de capacidade e demanda fraca nos mercados globais; projetar sua moeda e ampliar sua esfera de influência financeira; e enfrentar um rival da vez ao promover a atração de parceiros e esferas de influência. Entre as singularidades, deve-se destacar que a iniciativa chinesa não enfatiza os fatores ideológicos tanto quanto o Plano Marshall, enlaçado na Doutrina Truman e na Cortina de Ferro. A Nova Rota da Seda não se restringe a um bloco antissistêmico e tampouco busca subverter as organizações internacionais[35].

35. Ver "A comparative study of the Belt and Road Initiative and the Marshall plan" de Shen; Chan (2018), disponível em: https://www.nature.com/articles/s41599-018-0077-9.

Comparada com a antiga Rota da Seda, esta nova Rota da Seda em construção é realmente um impulso para a cooperação dentro da Eurásia e além, mas não é uma Marcha para Oeste, nem um Plano Marshall ao estilo estadunidense, muito menos um Comecon ao estilo soviético[36]. Se aparentemente menos subversiva, a projeção da China se torna mais global e engajada na governança mundial e bem mais competitiva. Assim, mostra-se mais potente do que a soviética e, com efeito, com poder disruptivo de longo prazo muito mais profundo.

Diante de um quadro de recrudescimento da rivalidade com Washington, a China busca dar respostas em várias dimensões. Em âmbito doméstico, a modernização das Forças Armadas em termos técnicos e operacionais, transformando-as em "forças de classe mundial em meados do século 21". Com efeito, estando à altura para lidar com os objetivos da defesa nacional, que incluem dissuadir ameaças e assegurar a estabilidade social; conter os intentos separatistas e a "independência de Taiwan"; garantir a segurança de direitos e interesses marítimos, sobretudo no Mar do Sul; salvaguardar a segurança do espaço sideral, eletromagnético e ciberespaço; entre outros. Tais políticas, num contexto em que, segundo o *Defense White Paper: China's National Defense in the New Era*[37], ascende um aprofundamento da "competição estratégica internacional" e um predomínio de "políticas unilaterais" partindo de Washington. Assim, a China busca se fortalecer, mas reforçando a narrativa de defesa dos Cinco Princípios de Coexistência Pacífica.

Em âmbito regional, o espaço privilegiado tem sido a Organização para a Cooperação de Xangai (OCX). Trata-se de uma entidade intergovernamental permanente, cuja criação foi anunciada em 15 de

36. Ver **The Political Economy of China's Belt and Road Initiative**, Lei Zou (2018), ed. World Scientific.

37. Ver íntegra do documento, disponível em: https://english.www.gov.cn/archive/whitepaper/201907/24/content_WS5d3941ddc6d08408f502283d.html.

junho de 2001. Sua motivação inicial estava estritamente relacionada com o necessário tratamento político multilateral das questões securitárias da região, tendo como mote o combate aos "três males" (separatismo, terrorismo e fundamentalismo), tendo um de seus dois órgãos permanentes (além do Secretariado em Pequim) a Estrutura Regional Antiterrorista em Tashkent.

Herdeira do antigo grupo dos Cinco de Xangai, criado em 1996, hoje é composta por nove membros (China, Rússia, Cazaquistão, Quirguistão, Tadjiquistão e Uzbequistão, desde 2001; Índia e Paquistão a partir de 2017; e o Irã, a partir de 2021). Além disso, conta com três observadores (Afeganistão, Bielorrússia e Mongólia) e nove parceiros de diálogo (Azerbaijão, Armênia, Camboja, Nepal, Turquia, Sri Lanka, Arábia Saudita, Egito e Qatar).

Com grande peso geoeconômico e geopolítico, a organização tem sido fundamental para mediar fronteiras dos países após o fim da União Soviética, combater o terrorismo e, mais do que nunca, enfrentar a questão afegã depois da retirada precipitada das tropas dos Estados Unidos e da OTAN. Inegavelmente, o Afeganistão sob o governo Talibã se torna uma prova de fogo para as movimentações políticas da OCX, pois se relaciona ao combate aos movimentos insurgentes (Movimento Islâmico do Turquestão Oriental, ao Tehreek-e-Taliban Pakistan, ao Estado Islâmico e às demais organizações afiliadas da Al Qaeda), ao desenvolvimento e à integração regional, à desestabilização regional em províncias como Chechênia e Xinjiang, além de preencher o vácuo deixado pelos Estados Unidos. Ou seja, enquanto os Estados Unidos têm buscado fortalecer a relevância do bloco QUAD (Diálogo Securitário Quadrilateral, bloco formado por Austrália, Índia, Japão e os próprios Estados Unidos), Pequim tem priorizado a integração de infraestrutura e desenvolvimento econômico regional a partir da OCX, da Nova Rota da Seda e da Parceria Regional Abrangente (RCEP), entre outras.

O reordenamento geoeconômico e geopolítico em curso tem envolvido processos complexos e entrelaçados, tais como a reação neoconservadora e neoliberal, a emergências de novos paradigmas produtivos, o final da Guerra Fria, a recolocação do poder dos Estados Unidos e, com a virada para o século XXI, a crescente multipolarização. A intensificação da competição político-econômica entre os países mais poderosos, com a redução da capacidade arbitral (unilateral) de Washington, a rápida fragmentação do sistema mundial, falência e esvaziamento de organismos multilaterais, a volta da luta pelas supremacias regionais e, como efeito, o aumento do grau de incerteza no mundo.

Por um lado, a competição sino-estadunidense tende a recrudescer diante da implementação da Nova Rota da Seda e os projetos de globalização em disputa, com Washington aprofundando sua estratégia de contenção da China. Por outro, buscando a genealogia histórica do antigo sistema sinocêntrico, passando pelos Cinco Princípios da Coexistência Pacífica e pelo pragmatismo da Teoria dos Três Mundos, Pequim irá construir sua ascendência buscando a linha de menor resistência e priorizando o eixo Sul-Sul para consolidar seu projeto de globalização.

3 A COMPETIÇÃO SINO-ESTADUNIDENSE E A ENCRUZILHADA SISTÊMICA

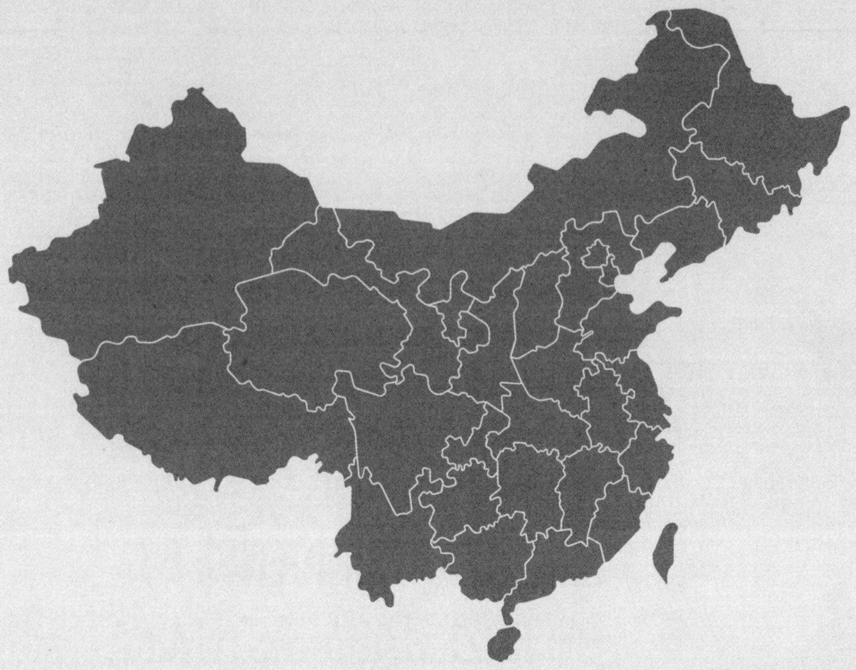

X

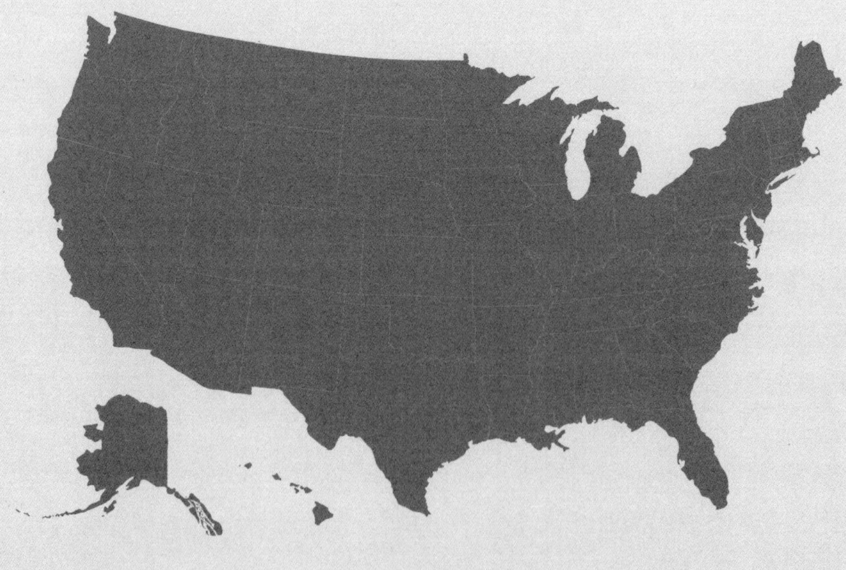

Se tem sido recorrente reconhecer a transição em curso no sistema internacional, fica evidente que seu núcleo é a reação dos Estados Unidos à ascensão da China. A aproximação entre Pequim e Washington foi o motor do ciclo de globalização desencadeado a partir dos anos 1970, influenciando o desfecho da Guerra Fria. Atualmente, a rivalidade sino-estadunidense está prenhe de potencial disruptivo e destrutivo, rebatendo sobre todos os quadrantes do sistema internacional.

Não resta dúvida de que a Nova Rota da Seda é parte determinante dessa competição bilateral e das novas configurações que tem assumido o mundo contemporâneo. Do lado dos Estados Unidos, desde o segundo mandato de Obama, rompeu-se o consenso bipartidário acerca de um padrão de relacionamento com a China. Washington deslocou sua prioridade para a Ásia e, sob Trump, desencadeou uma Guerra Comercial e chegou a anunciar uma espécie de Nova Guerra Fria. Aliás, é no Mar do Sul e nos desafios da integridade territorial da China (Tibete, Xinjiang, Hong Kong e Taiwan) que se enlaçam a rivalidade sino-estadunidense aos esforços de garantia da soberania e da integração regional por parte de Pequim.

Além desses elementos que atravessam a relação entre Washington e Pequim, vamos discutir nessa seção como a rivalidade se traduz em desafios securitários para a própria ascensão da China e, com efeito, para a Nova Rota da Seda. Tudo isso, como sublinhamos no início, não apenas para decifrar o mundo, mas para entender a China à luz da inserção internacional do Brasil no contexto de conformação da nova ordem mundial.

3.1 Uma Nova Guerra Fria?

Inicialmente, é preciso destacar que os Estados Unidos conseguiram consolidar sua hegemonia após as Guerras Mundiais a partir da conformação das estruturas de poder vigentes ainda hoje no âmbito multilateral. E, apesar da bipolaridade e da rivalidade com Moscou no período da Guerra Fria, os interesses de Washington triunfaram em escala internacional. Com o colapso do campo soviético, abriram-se margens para a ascensão de narrativas marcadas mais por desejos do que pela objetividade analítica. Tanto os discursos do "fim da história" e do mundo unipolar ignoravam tendências à multipolarização quanto aqueles que anunciavam o recorrente declínio dos Estados Unidos - desde a década de 1970 - ignoravam seu persistente poder geoeconômico e geopolítico.

Dessa forma, o desaparecimento da União Soviética permitiu a Washington potencializar seus interesses em escala global, ao menos num primeiro momento. De um lado, reafirmou a imposição das políticas neoliberais a diversos desses polos ascendentes, cujo resultado foi a fragilização de parte de seus parques industriais, o estreitamento dos direitos sociais, a eclosão de recorrentes crises financeiras e a potencialização das instabilidades político-institucionais. De outro, redefiniu os parâmetros de suas escaladas intervencionistas a partir da agenda de combate ao terrorismo e ao fundamentalismo e/ou sob pretexto de defesa da democracia, do meio ambiente, do livre mercado e dos direitos humanos. Sem falar nas contumazes instrumentalizações de embargos e sanções econômicas, intervenções militares "humanitárias" ou políticas de *regime change* e revoluções coloridas – novas formas para as velhas práticas de *covert actions* e golpes de Estado.

Para refletir quais os fundamentos da narrativa de uma Nova Guerra Fria, cabe recapitular o que foi o assim chamado mundo bipolar. A Guerra Fria foi o período de consolidação da hegemonia internacional estadunidense sob a égide de uma estratégia de contenção ao polo rival socialista, antissistêmico. Nesse sentido, é válido tecer algumas comparações em face das singularidades do novo país desafiante (China). Por um lado, é nítido que a União Soviética detinha sinergia econômico-comercial bilateral bem aquém à que hoje a China tem com os Estados Unidos; a competição técnico-produtiva não era tão aguda (exceção feita, sobretudo, aos setores militares e espaciais); os blocos possuíam maior coesão político-ideológica (não obstante as fraturas existentes em ambos, como ilustram os casos das relações da União Soviética com a Iugoslávia, a Albânia e a China). Por outro lado, as semelhanças também são importantes: as duas superpotências, apesar das assimetrias, eram dirigidas por forças políticas que reivindicavam, antagonicamente, o capitalismo e o socialismo; e as disputas entre os dois polos eram travadas de forma mais clara em terceiros cenários.

Importa notar, pois, que o recrudescimento da retórica antichinesa[38] – acirrada com o recente discurso de Mike Pompeo sobre *A China Comunista e o Futuro do Mundo Livre* – ajuda a iluminar a direção das contradições que se desenham. Ele instou "uma luta entre o mundo li-

38. Ver ALLISON, Graham. **A caminho da guerra**. São Paulo: Intrínseca, 2020.

vre e a tirania", e acusou o PCCh de ser um "opressor nacional" e um "agente internacional desonesto". Ora, são translúcidos certos elementos de continuidade: a China é, indiferentemente do debate acerca do quão antissistêmico é seu modelo, um país desafiante da hegemonia estadunidense, bem como é comandado por um partido comunista de tradições marxistas-leninistas. Nesse sentido, os Estados Unidos replicam a lógica de contenção como forma de coesionar seus aliados e evitar a expansão do rival. Em suma, a Guerra Comercial, o apoio aos movimentos separatistas na China e o cerco militar têm feito parte de um conjunto mais amplo de ações que obedecem a essa coerência sistêmica.

É autoevidente, contudo, que a história não se replica. Desde o final da década de 1960, a China abandonou a antiga política de fomento às revoluções socialistas em terceiros países, ainda que mantenha importantes laços ideológicos com os estados nacionais onde o socialismo orienta as políticas governamentais. A ênfase da inserção internacional chinesa recai exatamente no pragmatismo, no respeito ao princípio da não intervenção em assuntos domésticos de outras nações e, mais contemporaneamente, na busca da promoção das chamadas relações *win-win*. Por paradoxal que pareça, a instrumentalização de conflitos internos de terceiros países, as ações voltadas à mudança de regimes políticos e a obstrução das ferramentas de concertação política multilaterais partem exatamente dos Estados Unidos, visando impedir o fortalecimento do gigante asiático.

Diferentemente de Moscou, Pequim tem conseguido, como já demonstrado, fazer frente aos competidores nas searas científico-tecnológica e econômico-comercial. Recentemente, o cavalo de batalha de Washington tem sido evitar o domínio global de Pequim sobre a infraestrutura de comunicação 5G e nos semicondutores. O relatório da *Aus-*

tralian Strategic Policy Institute[39], contudo, traz um cenário desalentador para os Estados Unidos: a China lidera 37 das 44 tecnologias de ponta da atualidade, passando por setores diversos ligados a defesa, espaço, robótica, energia, meio ambiente, biotecnologia, inteligência artificial, materiais avançados e tecnologia quântica. Em suma, o fato é que se configura um período de transição sistêmica, prenhe de contradições.

Para além da competição sino-estadunidense, está em curso uma profunda reorganização produtivo-tecnológica e civilizacional com certos movimentos disruptivos precipitados pelo inesperado panorama da pandemia. Ou seja, a pandemia catalisou tendências sistêmicas que já vinham se gestando há pelo menos três ou quatro décadas, em duas dimensões, uma geoeconômica e outra geopolítica. Assim, a revolução científico-tecnológica, cujo epicentro eram a microeletrônica, a informática e a robótica, impulsionou mecanismos de reorganização da produção, localmente e globalmente, mais recentemente aprofundado pela assim chamada Indústria 4.0. Tecnologias como *home office*, ensino a distância, *e-commerce* e serviços de entretenimento de *streaming* se difundiram de maneira avassaladora com a crise sanitária da Covid-19. Além disso, a pandemia também colocou em evidência e acelerou as contradições decorrentes do desmonte dos aparelhos estatais com a escalada do neoliberalismo e o ataque aos Estados de Bem-Estar, sobretudo no epicentro do sistema. Países como Estados Unidos, Grã-Bretanha, Itália e Espanha, por exemplo, deixaram patente a debilidade de seus aparelhos estatais e dos sistemas de saúde na gestão da crise. As economias nacionais tiveram, inclusive, dificuldades em fornecer insumos para enfrentar a pandemia, enquanto as desigualdades sociais cresciam.

O fato é que o novo mapa da política mundial é radicalmente diferente do anterior. Os Estados Unidos aparentemente abandonaram

39. Ver estudo do ASPI, disponível em: https://www.aspi.org.au/report/critical-technology-tracker.

qualquer pretensão de moldar o mundo à sua imagem ou de liderar o sistema de governança global, apesar de gozar de uma força a ser considerada. Washington está com dificuldade de lidar com a Eurásia, em franco processo de integração após o desaparecimento das velhas linhas de batalha ideológicas do mundo bipolar. A vasta massa continental que se estende da Europa ao Extremo Oriente encaminha-se para uma profunda conexão sob a égide do grande projeto de infraestrutura chinês, e cada vez mais distante da velha ordem centrada no eixo norte-atlântico.

A rápida ascensão chinesa desafia a predominância dos Estados Unidos. E, recorrentemente na história, as potências dominantes acuadas costumam assumir comportamentos crescentemente erráticos e precipitados. Assim, a maneira como os Estados Unidos vão lidar com a potência desafiante é, pois, um elemento-chave da nova ordem mundial em conformação, indiferente ao grau de confrontação e à retórica para legitimar sua estratégia geopolítica. É o caso de Trump, responsável por romper os padrões de uma relação bilateral erguida minuciosamente por Nixon e Kissinger junto da China no começo da década de 1970. Essa ruptura do padrão de relacionamento revela o recrudescimento da postura dos Estados Unidos diante da potência desafiante. Como veremos mais adiante, o eixo sino-estadunidense é o núcleo das contradições sistêmicas, expressas de diversas formas, incluindo o tema do próximo tópico, a Guerra Comercial.

3.2 A Guerra Comercial e a rivalidade sino-estadunidense

Em 2016, o governo Trump desencadeou uma Guerra Comercial com a China. Esse litígio tarifário, na verdade, é uma expressão do recrudescimento da posição de Washington diante da ascensão da China. Ou seja, o país asiático vem se tornando cada vez mais competitivo em setores cada vez mais sofisticados, provocando déficits gigantes no comércio bilateral com a economia estadunidense. Em 1985, o comércio bilateral era inexpressivo e equilibrado, com os Estados Unidos exportando US$ 3.855 bilhões e importando US$ 3.861. Em 1995, as exportações estadunidenses foram de US$ 11,7 bilhões e as importações de US$ 45,5 bilhões, revelando um superávit chinês já marcante, embora ainda sobre um total modesto e com bens de baixo valor agregado. A partir de 2005, o superávit da China passa da casa dos US$ 202,2 bilhões, a partir de 2012 dos US$ 315,1 milhões, e chegando à marca de US$ 418,2 em 2018 e US$ 382,9 em 2022[40]. Além de não alterar substantivamente os déficits, apesar de toda política e retórica antichinesas, ocorreu ainda um aumento do conteúdo tecnológico de Pequim e uma primarização das exportações de Washington.

Nesse sentido, a Guerra Comercial entre Estados Unidos e China pode ser entendida em três dimensões[41]. Num nível mais superficial, representa o recrudescimento do protecionismo estadunidense voltado à base eleitoral de Trump e à consequente barganha em relação à China para diminuir os déficits comerciais – e que deve continuar nos governos seguintes. No nível intermediário, pela liderança de importantes segmentos tecnológico-produtivos e no contexto de reordenamento produtivo global. E, por fim, no nível mais profundo, pela liderança do sistema internacional e, mais especificamente, pela liderança dos processos de globalização em disputa, notadamente pela Nova Rota da Seda sob liderança de Pequim.

A compreensão dessa dinâmica complexa passa pelo entendimento de que há um acirramento das competições interestatais des-

---

40. Ver dados oficiais no United States Census Bureau, disponível em: https://www.census.gov/foreign-trade/balance/c5700.html#2022.

41. Ver "As três dimensões da Guerra Comercial entre China e EUA", de Diego Pautasso, Tiago Soares Nogara, Carlos Renato Ungaretti, Ana Maria Prestes Rabelo. v. 16, n. 2 (2021), **Carta Internacional**.

de a década de 1970. São reorganizações geoeconômica e geopolítica entrelaçadas, envolvendo as reações neoconservadora e neoliberal, as emergências de novos paradigmas produtivos, o final da Guerra Fria, a projeção de poder dos Estados Unidos e, com a virada para o século XXI, a crescente multipolarização. Ao mesmo tempo em que os Estados Unidos intensificam sua projeção de poder global, seja por meio de intervenções, revoluções coloridas, cerco militar e/ou embargos, são nítidas as dificuldades de Washington de liderar um mundo cada vez mais complexo – refletido inclusive na forma como desacredita organismos multilaterais. E, como já falamos, também nesse âmbito, a pandemia de Covid-19 precipitou tendências disruptivas.

Cabe um recuo no tempo para compreender esse entrelaçamento sino-estadunidense. A aproximação bilateral na virada dos anos 1960-70 se deu no contexto da globalização financeira estadunidense, capturada como oportunidade para impulsionar a política de Reforma e Abertura e o subsequente milagre econômico chinês. Essa nova divisão internacional do trabalho tem sido a raiz da emergência de configurações de poder no mundo que agora tensionam as estruturas hegemônicas centradas nos Estados Unidos e seus aliados.

De acordo com dados do *Atlas da Complexidade Econômica*[42], o avanço da complexidade econômica da China e o recuo dos Estados Unidos acentuam a competição geoeconômica e as contradições sistêmicas. Em 2017, as exportações chinesas totalizaram US$ 2,41 trilhões, e os principais destinos dessas exportações foram: Estados Unidos (US$ 476 bilhões), Hong Kong (US$ 255 bilhões), Japão (US$ 157 bilhões), Alemanha (US$ 109 bilhões) e Coreia do Sul (US$ 98,1 bilhões). Em relação à composição das exportações, 49% são classificadas como máquinas, ao passo que os principais produtos exportados, em 2016, foram:

42. Ver dados do Atlas disponível em: https://atlas.cid.harvard.edu/.

1) máquinas automáticas para processamento de dados; 2) ferramentas de transmissão por radiotelefonia; 3) aparelhos elétricos para telefonia por linha; 4) circuitos integrados eletrônicos; 5) lâmpadas e acessórios de iluminação.

É evidente que as estratégias *Going Global* e *Made in China 2025* são a expressão dessa nova etapa qualitativa do desenvolvimento chinês e aprofundam a concorrência interempresarial. E a simbiose entre seu desenvolvimento e seu poder global explica, sobremaneira, a Nova Rota da Seda e o papel do país de agente ativo na reconfiguração do sistema internacional. Naturalmente, essa ascensão da China produz um profundo tensionamento global na medida em que pressiona as estruturas hegemônicas de poder lideradas por Washington.

Durante o governo Obama, a então secretária de Estado Hillary Clinton escreveu na *Foreign Affairs* artigo intitulado *America's Pacific Century*[43] em outubro de 2011. Nele, a Ásia Oriental passava a ser considerada uma região pivô – após o governo dos Estados Unidos ter dado mais ênfase ao Oriente Médio na primeira década do século XXI. As prioridades seriam a proliferação imprevisível e instável de armas nucleares da Coreia do Norte, as disputas territoriais no Mar do Sul da China e a ascensão do gigante asiático. Para tanto, os Estados Unidos têm fortalecido as relações com aliados históricos, como Japão, Coreia do Sul, Filipinas, Austrália e Tailândia; enquanto aprofunda as parcerias com Indonésia, Malásia, Cingapura, Vietnã e Índia; e fortalecer o relacionamento não oficial com o povo de Taiwan. Naquele contexto, uma das estratégias para a região era aumentar o comércio e o investimento por meio do Acordo Parceria Transpacífica (TPP). Atualmente, o Diálogo Quadrilateral de Segurança (QUAD – Estados Unidos, Japão, Índia

---

43. Ver artigo no original, disponível em: https://foreignpolicy.com/2011/10/11/americas-pacific-century/.

e Austrália) e a política para o Indo-Pacífico têm assumido a condição de guia estratégico de Washington para a região, cujo epicentro é uma política de contenção da China[44].

A vitória de Trump foi a mudança que representou maiores alterações na política externa de Washington na sua interação com a China. A primeira evidência disso foi o fato de que, em seu terceiro dia no cargo, Trump assinou uma ordem executiva retirando os Estados Unidos do TPP. Além da retirada do acordo, houve um tensionamento nas relações com a China, que desde a campanha eleitoral já era alvo preferencial de críticas. A narrativa eleitoral de Trump enfatizou a recuperação da economia, dando ênfase ao protecionismo e à consequente vilanização da China.

Durante seu mandato, Trump perseguiu essa agenda com afinco: o país utilizou todos os mecanismos de defesa comercial a seu alcance – como é o caso do uso de leis *anti-dumping* e de direitos compensatórios e, inclusive, da invocação de leis internas para realização de atos unilaterais – contribuindo tanto para a revisão de acordos bilaterais e regionais quanto para o desapreço dos procedimentos e das regras na esfera da OMC. Sob o comando de Trump, os Estados Unidos abandonaram a OMC e outros organismos multilaterais à própria sorte, enquanto intensificaram a disputa bilateral com a China e a autossuficiência na resolução de outras situações conflituosas, como a relação com o Irã e a Coreia do Norte.

O fato é que o governo Trump, especialmente com a crise pandêmica, recrudesceu seus gestos unilaterais. Em um de seus últimos pronunciamentos na Comissão de Relações Exteriores do Senado americano, em julho de 2020, o secretário de Estado, Mike Pompeo, disse que o

44. Ver artigo onde desenvolvemos este argumento PAUTASSO, Diego; CEPIK, Marco. "Indo-Pacífico: entre a estratégia estadunidense e a resposta chinesa". **Pensamiento Propio**, v. 26, p. 45-69, 2021.

PCCh é "a principal ameaça dos nossos tempos" e que "a corrente está virando", pois o mundo estaria "despertando para isso" sob a liderança de Washington. Como fator demonstrativo, ele citou o fato de vários países estarem "rejeitando" a Huawei em seus projetos de implantação da tecnologia de comunicação 5G. Ele defendeu ainda o fechamento do consulado chinês em Houston no Texas, por se tratar de um "covil de espiões". O consulado foi fechado sob acusações de espionagem e roubo de propriedade intelectual. A China reagiu fechando o consulado de Chengdu, no sudeste do país, próximo a Taiwan e Xijiang, alvos de provocações estadunidenses. Na época, autoridades chinesas disseram que os Estados Unidos violaram seriamente o direito internacional e os termos da Convenção Consular China-Estados Unidos.

A "crise dos consulados" faz parte da mais séria crise diplomática entre os dois países desde 1979, somando-se a isso as expulsões recíprocas de jornalistas, o envio de bombardeiros para a base naval norte-americana no oceano Índico no contexto da tensão sino-indiana no Himalaia, o congelamento de bens das autoridades de Hong Kong, a elevação da tensão no Mar do Sul da China, a perseguição ao aplicativo *TikTok*, que possui uma milionária rede de usuários nos Estados Unidos, a promoção do encontro diplomático de mais alto nível com as autoridades de Taiwan em 40 anos, os ataques ao novo Centro de Controle de Doenças da União Africana em Adis Abeba, construído pelos chineses, a retórica do "vírus chinês" ao longo da pandemia e, por fim, o abandono do posto de embaixador estadunidense na China, por Terry Branstad, velho conhecido de Xi Jinping desde os anos 80.

Desde julho de 2018, já houve três rodadas de tarifas entre os dois países. Até o momento, os Estados Unidos já impuseram tarifas sobre produtos chineses no valor de US$ 250 bilhões e ameaçam impor novas tarifas no valor de US$ 237 bilhões – o que, por sua vez, colocaria sob taxação praticamente todas as exportações chinesas. A China fixou tarifas de US$ 110 bilhões em produtos dos Estados Unidos e está ameaçando impor medidas que afetariam empresas estadunidenses que operam na China. A primeira e a segunda rodadas de tarifas impuseram, respectivamente, tarifas da ordem de US$ 34 bilhões e US$ 16 bilhões - totalizando US$ 50 bilhões. Na primeira rodada, foram incluídos 818 produtos chineses, enquanto que, na segunda, foram incluídos mais 284 produtos.

Percebe-se que, na primeira e na segunda rodadas, as tarifas se concentraram em mercadorias de setores industriais, sobretudo aqueles beneficiados pelo programa *Made in China 2025*. Isto é, as tarifas focaram em produtos oriundos de indústrias como aeroespacial, informação e comunicação, robótica, maquinário industrial e automobilística. Já as mercadorias que foram objeto de taxação na terceira rodada, que equivalem ao valor de US$ 200 bilhões, representam uma ampla variedade de produtos, englobando bens de consumo como bonés, TVs e alimentos. Após o anúncio de novas tarifas no valor de US$ 200 bilhões para exportações chinesas, a China adotou medidas de retaliação contra os produtos estadunidenses. No dia 18 de setembro, o ministro do Comércio da China anunciou que elevaria as tarifas de 5% a 10% em US$ 60 bilhões de produtos, englobando mais de 5.000 bens exportados pelos Estados Unidos. As tarifas entraram em vigor no dia 24 de setembro, na mesma data em que as tarifas estadunidenses para produtos chineses começaram a valer. A retaliação chinesa à terceira rodada de tarifas dos Estados Unidos colocou um adicional de 5% sobre produtos como pequenas aeronaves, computadores e têxteis, ao passo que fixou tarifas adicionais de 10% em produtos químicos, carne, trigo e vinho. Além desses, houve adição tarifária - entre 5 e 10% - para produtos como soja, laticínios, suco de laranja, carros elétricos, petróleo, gás natural e equipamentos médicos.

Apesar da trégua estabelecida entre dezembro de 2018 e março de 2019, as escaramuças foram retomadas em seguida. Após ser aventada a possibilidade de acordo ao longo de abril de 2019, Trump anunciou, no começo de maio, a elevação das tarifas de 10% para 25% sobre os US$ 200 bilhões de importações já afetadas. Além do mais, também indicou futura expansão das taxações para produtos chineses ainda não alvejados, como brinquedos, calçados, roupas e eletrônicos. Os chineses responderam anunciando que elevariam as tarifas sobre os US$ 60 bilhões de importações estadunidenses, medida que se confirmou no dia primeiro de junho, com a elevação de tarifas sobre US$ 36 bilhões do total designado em setembro de 2018.

As ameaças e a imposição de taxações seguiram ocorrendo mês após mês. Mas no dia 15 de janeiro de 2020, foi anunciada a primeira fase do acordo, a partir da qual os chineses concordaram em estabelecer cerca de US$ 200 bilhões em compras adicionais de produtos estadunidenses. Ainda assim, a maioria das altas tarifas foi mantida, e questões vinculadas aos subsídios e às empresas estatais chinesas não entraram nos encaminhamentos. Frente às necessidades inerentes ao panorama da crise, Trump anunciou, nos dias 10 e 12 de março de 2020, a suspensão temporária de determinadas tarifas impostas aos produtos chineses vinculados às atividades de combate à pandemia.

Essa cronologia revela que as retaliações estadunidenses escalam para uma dimensão não apenas restrita às questões comerciais bilaterais. A escolha dos setores e as sanções contra a Huawei – e sua liderança no sistema de comunicação 5G – revelam que há protecionismo e competição em setores *high tech*. Estes representam um dos pilares das tecnologias priorizadas pela política chinesa do *Made in China 2025*, tais como segurança cibernética; ferramentas de controle numérico e robótica de ponta; aeroespacial; engenharia oceânica; equipamento ferroviário avançado; veículos de poupança de energia e de nova energia; equipamento de energia; maquinário agrícola; novos materiais; biomedicina e dispositivos médicos de alto desempenho.

Diversos documentos oficiais do governo, Estado e instituições privadas estadunidenses revelam uma série de preocupações com relação à China. No relatório da Casa Branca de 2018, *How China's Economic Aggression Threatens the Technologies and Intellectual Property of the United States and the World*, a China é acusada de usar diversas categorias de agressão econômica: protege o mercado doméstico de importações; expande sua projeção em mercados globais por meio de ferramentas de política industrial e financeira, bem como do apoio às grandes empresas nacionais; busca ter acesso seguro aos principais recursos naturais que lhe são essenciais; fortalece o domínio sobre as indústrias de manufatura tradicionais; e adquire tecnologias-chave e propriedade intelectual de outros países para promover suas indústrias emergentes de alta tecnologia.

No mesmo ano de 2018, o *Office of the U.S. Trade Representative* (USTR) publicou o relatório *China's acts, policies, and practices related to technology transfer, intellectual property, and innovation.* Com base nesse relatório, o USTR determinou que "ações chinesas são irracionais ou discriminatórias" e, portanto, os Estados Unidos deveriam restringir o comércio com a China. Entre as ações chinesas, incluem restrições de propriedade estrangeira, requisitos de *joint venture* e transferência de tecnologia; direção governamental para que empresas chinesas adquiram ativos estratégicos no exterior; realização de inteligência tecnológica, engenharia reversa e roubo de informações sensíveis. A *US Chamber of Commerce* vem fazendo relatórios recorrentes sobre a escalada técnico-produtiva da China, como um dos mais recentes intitulado *Made in China 2025: global ambitions build on local protections.* Na mesma linha, o U.S. Senate Committee on Small Business & Entrepreneurship publicou o *Made in China 2025 and the Future of American Industry* exibindo preocupações e prescrições de contramedidas.

Diante desse quadro, o governo Biden busca recompor a posição internacional dos Estados Unidos e, por extensão, tende a recrudescer a competição com Pequim. Nos seus primeiros meses, apresentou três iniciativas de Biden – o Plano de Resgate Americano, que foi assinado em lei, e a proposta do Plano de Emprego Americano e do Plano de Famílias Americanas – com custo combinado de mais de US$ 6 trilhões. Além de gastos deficitários, Biden propõe a aprovação do plano *Made in America Tax* para subsidiar sua proposta de governo. Assim, Biden busca utilizar esses planos ambiciosos para desenvolver o dinamismo à economia estadunidense, atingindo fronteiras tecnológicas até então distantes. Ao mesmo tempo, impulsiona acordos de caráter geopolítico-estratégico com outras nações (como o Diálogo Quadrilateral de Segurança – QUAD, junto de Japão, Austrália e Índia); AUKUS, junto de Austrália e Reino Unido; e JAKUS, junto de Japão e Coreia do Sul)" e mantém a retórica antichinesa. Além das dificuldades encontradas internamente para aprovar seus projetos, resta saber se Biden vai abandonar os espaços multilaterais (OMS, TPP), abrindo espaço para maior protagonismo chinês nas governanças regional (RCEP, OCX) e mundial. Em suma, tudo isso pode se precipitar com a perda da histórica primazia dos Estados Unidos sobre as estruturas hegemônicas de poder e a dianteira tecnológica. O fato é que esse entrelaçamento das relações sino-estadunidenses envolve camadas de cooperação e competição, podendo resultar em acomodação, mas também encerrando grande potencial disruptivo, não somente pela divergência nos projetos de globalização, mas pelas contradições típicas dos períodos de transição sistêmica.

Talvez o núcleo da contradição sino-estadunidense na atualidade passe pela disputa e liderança do setor de semicondutores (*chips*) – que nada tem a ver com livre mercado. De um lado, os EUA proibiram centenas de executivos e engenheiros com sua cidadania de trabalharem no setor de semicondutores da China e criaram uma nova Lei de *Chips*, cujo investimento deve chegar a quase US$ 150 bilhões. De outro, a China tem gasto mais de US$ 100 bilhões para acelerar o desenvolvimento de uma indústria doméstica de fabricação de *chips*, buscando autossuficiência a todo custo. Se o Vale do Silício foi o epicentro da indústria digital, tudo indica que a China acelera seu ingresso nessa fronteira das tecnologias da informação, que passa por supercomputadores, governança digital, setor aeroespacial, Big Data e Inteligência Artificial etc. A estratégia dos EUA de interditar a China, seja com sanções ou cerco (*Chip* 4, aliança com Japão, Coreia e Taiwan), não parece suficiente para lidar com o país desafiante, já o maior produtor e consumidor de semicondutores e cujo desenvolvimento tecnológico tem sido irrefreável[45].

Outro ponto decisivo da rivalidade sino-estadunidense diz respeito ao acelerado processo de desdolarização em curso. Como se sabe, o dólar tem sido um dos pilares da hegemonia dos Estados Unidos, mas tem sofrido fissuras sobretudo desde a crise de 2007-8. As recorrentes sanções, sequestro de divisas (Venezuela, Irã, Rússia) e crises financeiras têm tensionado a busca de alternativas monetárias globais. A China, por outro lado, tem promovido a realização de comércio em moedas locais e impulsionado o *petroyuan*, levando sua moeda a ganhar curso global. Nesse sentido, a Nova Rota da Seda tende a aprofundar a conversibilidade da moeda chinesa, potencializando o peso geoeconômico da China. Esse novo contexto reduzirá sensivelmente a capacidade dos Estados Unidos de sancionar adversários, influenciar suas políticas econômicas, financiar seus déficits fiscais e servir de moeda de reserva global.

45. Ver a excelente **Guerra dos Chips**, de Chris Miller (2023), ed. Globo.

3.3 A questão do Mar do Sul da China

Os imbróglios territoriais no Mar do Sul da China são centrais não apenas para a região, cada vez mais afirmada como epicentro geoeconômico global, mas porque envolvem a projeção de poder da superpotência, os Estados Unidos. Mais do que isso, trata-se de parte inseparável da dimensão marítima da Nova Rota da Seda, que parte da costa chinesa, passando pelo Mar do Sul da China, pelo oceano Índico, a costa oriental africana e chega à Europa através do Mar Vermelho e o Canal de Suez.

A questão das disputas entre a China e parte de seus países vizinhos pelos domínios de territórios no Mar do Sul da China aparece frequentemente como elemento desestabilizador das relações regionais asiáticas, e não raramente como possível foco de tensão a assumir contornos militares mais amplos. Isso não se dá por acaso, afinal as disputas no Mar do Sul da China têm potencial para uma escalada de violência capaz de impactar todo o sistema internacional. Portanto, constitui mais do que simples celeumas relacionadas às disputas da China com países como Vietnã, Brunei, Malásia e Filipinas. Neste caso específico, a questão passa pela compreensão de como a China articula a defesa de seus interesses no plano regional com o contexto mais amplo das políticas de cerco e contenção executadas por Washington contra o seu processo de ascensão.

Dito isso, é preciso analisar as mensagens cifradas envoltas na questão do Mar do Sul da China, muitas delas propagadas a partir de centros midiáticos e acadêmicos que não são atores desinteressados nas consequências práticas dessas disputas. Ou seja, a narrativa dominante ocidental se concentra no "expansionismo da China" às custas de vizinhos supostamente fragilizados. No entanto, as evidências são, na verdade, de ostensiva presença militar estadunidense na região, bem como de grande disparidade temporal entre a primeira construção de estruturas chinesas nos territórios reivindicados nas ilhas Spratly, que se deu apenas no final de 2013, e aquelas construídas anteriormente pelos demais contendores.

Nesse sentido, cabe mencionar que a "linha dos onze-traços", que delimita as aspirações territoriais em questão, foi proposta inicialmente pela República da China durante o governo do Kuomintang, com ajuda técnica dos Estados Unidos, antes da efetivação da revolução de 1949, com intuito de reivindicar soberania para o país sobre as ilhas Paracel, Prats e Spratly, logo após a rendição japonesa na Segunda Guerra Mundial. O imbróglio aumentou quando o Tratado de São Francisco, de 1949, que dispôs sobre a situação do Japão no pós-guerra, não resolveu a questão das ilhas, já que não teve participação chinesa. À época, os comunistas chineses emitiram nota de repúdio à não resolução do imbróglio, e posteriormente o Premier Zhou Enlai subtraiu dois traços da inicial "linha dos onze", retirando o Golfo de Tonkin das reivindicações e formando a "linha das nove raias" sobre a qual a República Popular da China reivindica soberania até hoje.

O governo chinês adota como posição oficial os direitos históricos sobre a região, pois argumenta que as atividades dos chineses no Mar do Sul datam de mais de dois mil anos. A China teria sido a primeira a descobrir, nomear e se dedicar à exploração e ao aproveitamento das ilhas localizadas naquela região, além de ter sido a primeira a exercer plena soberania e jurisdição sobre elas de forma contínua, pacífica e eficaz. Segundo o recente Livro Branco publicado pelo Gabinete de Imprensa do Conselho de Estado da China envolvendo a questão, existem numerosos documentos históricos para comprovar essa afirmação, tais como o Yi Wu Zhi (Relato de Coisas Estranhas) da dinastia Han do Leste (25-220); Fu Nan Zhuan (Registro de Fu Nan) do Período dos Três Reinos

(220-280); Meng Liang Lu (Registro de um Sonhador Acordado) e Ling Wai Dai Da (Notas sobre as Ilhas além das Passagens) da dinastia Song (960-1279); Dao Yi Zhi Lüe (Breve Relato das Ilhas) da dinastia Yuan (1271-1368); Dong Xi Yang Kao (Estudos sobre Oceanos do Leste e do Oeste) e Shun Feng Xiang Song (Bom Vento para Escolta) da dinastia Ming (1368-1644); assim como Zhi Nan Zheng Fa (Navegações com Bússola) e Hai Guo Wen Jian Lu (Registros de Coisas Vistas e Ouvidas sobre as Regiões Costeiras) da Dinastia Qing (1644-1911).

Os demais atores regionais também têm suas razões e seus argumentos para sustentar seus pleitos territoriais, afinal essa não se trata de uma questão apenas técnica e jurídica, mas geopolítica e com importantes implicações para todos eles. Assim como a China busca na história as razões de sua soberania sobre aqueles territórios, é possível argumentar que a existência dos governantes do Império de Funan, no delta do Mekong, não representava submissão à China, mas apenas o controle das rotas marítimas conectadas aos portos chineses. Nesse sentido, o problema teria surgido na medida em que os europeus transformaram as "fronteiras fluidas" em "fronteiras fixas" durante o período colonial. Assim, Taiwan segue as mesmas reivindicações de Pequim; o Vietnã argumenta que possui presença ativa nas ilhas Paracels e Spratly desde o século XVII; a Malásia e Brunei reivindicam territórios no Mar do Sul baseando-se na Convenção das Nações Unidas sobre o Direito do Mar; e as Filipinas não só reivindicam ilhas nas Spratly como o Scarborough Shoal (reconhecido pela China como *Huangyan Island*).

Aliás, em julho de 2016 o Tribunal Permanente de Arbitragem de Haia aceitou a demanda das Filipinas de explorar recursos no Mar do Sul da China. Segundo o Tribunal, não procedem as alegações chinesas acerca das evidências históricas de seu controle sobre aquela região. Mesmo que tivesse direitos históricos sobre as águas do Mar do Sul, esses direitos teriam sido extintos devido à incompatibilidade com as zonas econômicas exclusivas estabelecidas pela Convenção das Nações Unidas de 1982 sobre o Direito do Mar.

Tudo indica, contudo, que os Estados Unidos tenham influenciado a demanda filipina junto ao Tribunal de Haia para fomentar o litígio e a consequente construção de alianças antichinesas na região. Não se deve desconsiderar os laços que os unem de longa data, afinal a própria concessão da independência das Filipinas pelos Estados Unidos foi condicionada, no passado, ao estabelecimento de suas bases militares no país. Em dezembro de 2019, a Malásia apresentou uma reivindicação à Comissão das Nações Unidas sobre os Limites da Plataforma Continental, também visando avançar nas suas demandas.

Após o veredicto, o governo chinês – que havia boicotado as audiências em Haia por não reconhecer a jurisdição do tribunal sobre a disputa – declarou "que o veredicto é nulo e não possui força vinculativa", e ainda reafirmou que "em relação às questões territoriais e disputas de delimitação marítima, a China não aceita qualquer meio de solução de disputas por terceiros ou qualquer solução imposta à China". Assim, o governo da China prefere realizar as negociações no âmbito regional conforme estabelecido na *Declaração de Conduta das Partes no Mar do Sul da China*, assinada em 2002 com dez países-membros da Associação das Nações do Sudeste Asiático (ASEAN), sem que a questão seja suscetível à exploração externa em fóruns multilaterais.

A região tem importância estratégica para a China por diversas razões. Isso inclui o imperativo de garantir a livre navegação regional, inclusive com a construção da Nova Rota da Seda Marítima; a atuação de sua plataforma móvel Haiyang Shiyou 981 para a exploração de recursos sem necessidade de ocupação; e a capacitação militar e sua mudança doutrinária para consolidar uma política de antiacesso e negação de área (A2AD ou *Anti-Access/Area Denial*). Tudo isso dentro dos objetivos mais amplos de rejuvenescimento da nação chinesa, recuperação dos territórios usurpados ao longo do Século de Humilhações e articulação de novos mecanismos de cooperação internacional, tais como a Organização para a Cooperação de Xangai (OCX) e a Nova Rota da Seda. Para tanto, é do interesse chinês a consolidação da estabilidade política e econômica regional e internacional, e não a elevação das tensões e possíveis conflitos delas decorrentes.

Consequentemente, os Estados Unidos tendem a explorar os conflitos na Ásia-Pacífico para criar entraves à liderança chinesa de diversas formas. Dentre elas, consolidando o cerco estratégico-militar já citado, que inclui a realização de exercícios e manobras militares recorrentes no entorno estratégico chinês, valendo-se da utilização de alguns daqueles que são os maiores porta-aviões do mundo (USS John C. Stennis e USS Ronald Reagan) em conjunto com as forças das Filipinas e demais aliados. Isso não está desvinculado dos intentos estadunidenses para desagregar a unidade nacional da China por intermédio do fomento de movimentos separatistas no Tibete, em Xinjiang, em Hong Kong e em Taiwan. Os litígios no Mar do Sul se unem, portanto, a um contexto mais amplo que visa envolver a China, na condição de potência desafiante, em um encadeamento de conflitos regionais capazes de desestabilizar seu franco processo de modernização e de inserção internacional.

Como fica claro, a escalada do conflito responde, em última instância, ao contexto mais amplo das disputas pela hegemonia do sistema internacional. Para os Estados Unidos, dividir, isolar e conter a China é essencial para a consecução de seus objetivos, como atestam o apoio a movimentos separatistas e/ou à ênfase na construção da "ameaça chinesa". Para a China, a superação da questão do Mar do Sul é um meio de evitar a crescente presença dos Estados Unidos em seu entorno regional, alargando sua área de segurança marítima. Ressalte-se que, nessa região, existem gigantescas reservas de hidrocarbonetos (a *US Energy Information Administration* estima um mínimo de US$ 28 bilhões de barris de petróleo e cerca de 25 trilhões de metros cúbicos de gás), além de interagir com a rota marítima que conecta os principais portos do mundo, via Estreito de Malaca.

Sublinhe-se: em 2020, a China liderou a criação do acordo da Parceria Regional Econômica Abrangente (*Regional Comprehensive Economic Partnership* – RCEP), considerado o maior acordo de livre comércio do mundo. Trata-se de um desdobramento da antiga ASEAN+6, composta pelos dez países da Associação de Nações do Sudeste Asiático (ASEAN), mais China, Japão, Coreia do Sul, Austrália, Nova Zelândia e Índia – embora os indianos tenham declinado em aderir ao acordo. Mesmo sem a Índia, os membros da Parceria somam quase um terço da população mundial e 29% do PIB global – beneficiando-se da implosão do Acordo Transpacífico de Cooperação Econômica (*Trans-Pacific Partnership – TTP*). Ou seja, aliando a conectividade promovida pela Nova Rota da Seda e a facilitação das trocas comerciais por meio da RCEP, a China reforça os laços de interdependência econômica com os países do Sudeste Asiático. Com essa iniciativa, o efeito gravitacional do país asiático se amplifica e expande para a Eurásia (e pelo mundo, como projeto chinês de globalização), baseado na integração, na infraestrutura e num novo ciclo de produção e inovação.

Ora, o quadro de longo prazo é favorável a Pequim, não obstante os obstáculos. Nesse sentido, a diplomacia chinesa tem optado por uma perspectiva de ação prolongada, movendo-se pelos espaços vazios e mitigando o potencial estratégico do oponente de maneira flexível, na medida em que reconhece os elementos políticos e psicológicos como tão importantes quanto os militares. O conflito no Mar do Sul tem claramente elementos dessa cosmologia, e sua condução será crucial para o desfecho das disputas em curso. Em suma, a China não vai pensar no curto prazo nem se deixar atrair pelas iscas colocadas por Washington para uma escalada de conflito na região. A Nova Rota da Seda, em sua dimensão marítima, e este gigantesco enlace comercial na região são centrais, portanto, para que Pequim articule sua resposta a tal dilema no longo prazo.

3.4 O desafio da integridade territorial e as ameaças separatistas

A questão territorial chinesa atravessa a reconstrução nacional, a rivalidade sino-estadunidense e a integração regional estruturada pela Nova Rota da Seda. A recuperação de territórios perdidos durante o Século de Humilhação, a contenção de intentos separatistas, o aprofundamento da integração nacional e o combate às desigualdades sócioterritoriais fazem parte dos desafios contemporâneos do governo chinês. Assim, a Nova Rota da Seda é crucial para impulsionar a interiorização do desenvolvimento nacional e a integração e a estabilidade regionais.

Deve-se reconhecer que a China é um estado com uma série de particularidades históricas, geográficas e demográficas cruciais para pensar sua inserção internacional e seu desenvolvimento nacional contemporâneos. Trata-se de um Estado-civilização unificado desde 221 a.C., quando o nascente Império Qin pôs fim ao período dos Reinos Combatentes, percorrendo mais de dois milênios de integração de diversos grupos étnicos e linguísticos em torno de uma unidade política. A China tem 56 grupos étnicos, com uma população que saltou de 540 milhões para 1,4 bilhão entre 1949 e 2020; que precisa alimentar 22% da população mundial com apenas 7% da terra arável global.

Conforme o *China Ethnic Statistical Yearbook* de *2016*, a imensa maioria da população, 91,64%, é composta pela etnia han, 1,27% de zhuangs, e todas as demais etnias com percentual abaixo de 1%. Grande parte destas etnias se concentram em algumas províncias específicas, tais como Xinjiang, Tibete, Mongólia Interior e as províncias da Manchúria. A região de Xinjiang é habitada por pouco mais de 20 milhões de habitantes, cerca de 1,4% da população da China, distribuídos em 47 grupos étnicos, com aproximadamente 45% de uigures, 41% de chineses han, 7% de cazaques, 7% de huis, além de outras minorias menos expressivas (mongóis, quirguizes etc.). São 1,66 milhões de km^2, representando 1/6 do território chinês e com cerca de 5,5 mil km de fronteira com outros países.

Apesar das sucessões dinásticas, crises e alterações das fronteiras imperiais, o Império do Meio sempre exerceu esse efeito gravitacional sobre diversas formações sociais e culturais. Entre 1279 e 1378, a China foi governada por uma dinastia mongol, e de 1644 a 1911 por uma dinastia manchu. Diferentemente de um suposto expansionismo han, o que houve ao longo da história foram sucessões dinásticas historicamente conturbadas, com profundas alterações fronteiriças também potencializadas por agressões estrangeiras.

Com o colapso da Dinastia Qing e a pulverização de autoridades políticas no território chinês, o país esteve prestes a se fragmentar. A revolução, com caráter antifeudal e anti-imperialista, teve como imperativo imediato da reconstrução nacional a centralização política e o controle da unidade territorial. Cabe lembrar que Hong Kong estava sob domínio britânico; Macau sob controle português; Port Dairen, Port Arthur e a estrada de ferro da Manchúria sob controle soviético; ao tempo em que Taiwan abrigava as forças lideradas por Chiang Kai-shek. Além disso, o Tibete e Xinjiang desfrutavam de grande autonomia, enquanto significativa porção da Mongólia já tinha consolidado sua independência há tempos.

À beira da fragmentação do território, o governo emitiu, ainda em 1952, uma medida para concertação política, o Esboço para a Implementação da Autonomia Regional das Minorias Étnicas. Em 1954, o Congresso Nacional do Povo aprovou o sistema de autonomia regional para as minorias étnicas na Constituição da República Popular da China. Nesse contexto, foram estabelecidas as regiões autônomas, sendo a primeira a da Mongólia Interior, ainda em 1947, seguida pela Região Autônoma Uigur de Xinjiang, em 1955, as de Guangxi e Ningxia, em 1958, e do Tibete, em 1965.

Na década de 1990, já num contexto de questionamentos das grandes potências ao panorama de franca ascensão da China, as temáticas envolvendo os intentos separatistas ganharam maior visibilidade no mundo ocidental, apoiadas em uma série de organizações políticas e não governamentais alinhadas a tais reivindicações. Desde então, foram recrudescidos os focos de apoio ocidental, principalmente estadunidense, às iniciativas de viés separatista oriundas das regiões povoadas por minorias étnicas, especialmente no Tibete e em Xinjiang. No primeiro caso, pela via da potencialização da figura do Dalai Lama como líder de uma suposta nação "oprimida" e da campanha *Free Tibet*. No segundo, com as tentativas de fortalecimento de focos de poder paralelo que visam a secessão territorial chinesa, incluindo o apoio a grupos terroristas armados que realizam incursões partindo de pontos de apoio na Ásia Central. Para compreender estes dois focos de tensão, se faz necessária uma breve recapitulação histórica da relação da China com seus problemas fundamentais.

Em Xinjiang, parte substancial da população tem matriz étnica proveniente da Ásia Central, islamizada por volta do século X. A região experimentou um período de relativa independência e isolamento a partir da Guerra do Ópio, situação aprofundada após o colapso da dinastia Qing e a pulverização de autoridades políticas no território chinês. Nesse contexto, Xinjiang passou a ser dirigida por lideranças militares autônomas, que transitaram entre alianças com a União Soviética, primeiramente, e com o Kuomintang, num segundo momento, até serem derrotadas pelos comunistas em setembro de 1949, na esteira dos acontecimentos da revolução dirigida pelo PCCh.

Valendo-se desse histórico, a partir da década de 1990, foram potencializadas uma série de organizações políticas e não governamentais alinhadas às reivindicações separatistas em Xinjiang. Dentre elas, destaca-se o *East Turkistan Islamic Movement* (ETIM), formado em 1990 sob o patrocínio da CIA, e que desde 2002 é classificado oficialmente pela ONU como uma organização terrorista vinculada à Al Qaeda. Nesse sentido, o Ministério da Segurança da China também classificou o *East Turkistan Liberation Organization* (ETLO), o *East Turkistan Information Center* (ETIC) e o *World Uygur Youth Congress* (WUYC) como terroristas. Junto da *International Uyghur Human Rights and Democracy Foundation* e do *World Uyghur Congress*, o WUYC recebeu consideráveis patrocínios da *US National Endowment of Democracy* (NED) – organização internacional originariamente financiada pelo Congresso dos Estados Unidos e vinculada à *Soros Foundation* na promoção de operações de desestabilização política desde a década de 1990, quando atuaram conjuntamente nos eventos concernentes ao desmembramento da Iugoslávia.

No entanto, questões geoestratégicas mais amplas impediram que os Estados Unidos mantivessem uma postura de apoio ostensivo às movimentações separatistas de Xinjiang. Na esteira dos acontecimentos de 11 de setembro de 2001 e do apoio chinês à guerra ao terror, os Estados

Unidos passaram a ensejar esforços em prol da inclusão do ETIM na lista de grupos terroristas reconhecidos pela ONU. As intervenções estadunidenses decorrentes da guerra ao terror modificaram, portanto, o panorama de atuação do ETIM, que passou a enfrentar tropas paquistanesas e dos Estados Unidos, além das chinesas, no conjunto de países da Ásia Central. O grupo – que entre 1990 e 2001 havia cometido mais de 200 atos de terrorismo, especialmente contra civis e órgãos de Estado chineses – teve diversos integrantes capturados e levados a Guantánamo, além de ter seu líder, Abu-Muhammad al Turkestani, morto em 2003.

Ainda assim, Anwar Yusuf Turani autoproclamou-se, em 2004, chefe do governo do Turquestão Oriental – sediado em Washington, ainda que sem reconhecimento pelo governo estadunidense –, evidenciando uma possível inflexão no cenário dos enfrentamentos. Essa inflexão tomaria forma perante os avanços da estratégia de Pequim de criar o Corredor Econômico China-Paquistão, integrando o porto de Gwadar, no Paquistão, à região de Xinjiang. Esse projeto representava, para além de um arranjo de cooperação regional, um importante passo para o sucesso da estratégia chinesa de superação de possíveis obstruções de sua segurança energética.

Em 2009, um levante foi protagonizado em Urumqi, capital de Xinjiang, deixando 197 mortes e mais de 1.700 feridos e evidenciando uma nova etapa de internacionalização do conflito. Segundo o Departamento de Segurança Pública de Xinjiang, os métodos terroristas se tornaram cada vez mais violentos; em 1999, num esconderijo, encontraram 5.000 granadas caseiras do grupo terrorista Kuresh; em 2006, 15.000 armas contrabandeadas do exterior foram apreendidas. Diversos foram os atentados terroristas praticados por grupos afins às perspectivas separatistas entre 1990 a 2020, matando um grande número de pessoas inocentes e centenas de policiais. Além desses eventos ocorridos na capital de Xinjiang, Urumqi, em 2009, também ocorreram na Praça da Paz Celestial em 2013, e na estação de trem de Kunming em 2014. Milhares desses terroristas se vincularam ao Estado Islâmico durante a guerra na Síria. Assim, ao insistirem na narrativa do conflito étnico e do suposto antagonismo da população uigur com o governo chinês, a mídia ocidental encobre, portanto, a real natureza dos acontecimentos em Xinjiang, omitindo inclusive o caráter extremista e terrorista dos grupos vinculados às bandeiras separatistas.

Os Estados Unidos têm preocupações sobre a natureza do futuro papel da China no cenário internacional e, por isso, Washington exerce pressão sobre Pequim por meio do potencial desestabilizador da questão uigur. Assim, os Estados Unidos assumem uma postura moderada perante o ETIM, na medida em que inserem o agrupamento nas listas negras do terrorismo vinculadas ao financiamento e à imigração, mas o mantém fora da lista de grupos terroristas estrangeiros reconhecidos pelo Departamento de Estado.

Dentre as narrativas capciosas acerca da região, constam os relatos da grande mídia ocidental acerca dos chamados "campos de reeducação" em Xinjiang, tidos como centros voltados à opressão da população uigur. Contudo, não são documentos do Alto Comissariado das Nações Unidas para os Direitos Humanos que embasam essa visão, mas sim relatos do grupo de ativistas do *Chinese Human Rights Defenders* (CHRD), sediado em Washington e patrocinado, entre outras fontes, pela NED. Apesar do frenesi na mídia ocidental, cerca de 54 países, entre os quais muitos de maioria populacional muçulmana, defenderam oficialmente, em uma conferência da ONU, as medidas chinesas de combate ao extremismo terrorista na região.

Indubitavelmente, a província de Xinjiang constitui espaço fundamental para a integridade territorial chinesa, cobrindo regiões fronteiriças da China com oito países: Mongólia, Rússia, Cazaquistão, Quirguistão, Tadjiquistão, Afeganistão, Paquistão e Índia. Historicamente, foi parte central da conexão entre o Ocidente e o Oriente, conformando ponto crucial da antiga Rota da Seda. Nesse sentido, cabe reconhecer que sempre foi um espaço onde distintas culturas e religiões coexistiram sem maiores problemas, o que aplaca a narrativa dominante das potências ocidentais de que os fundamentos do terrorismo do ETIM e outros grupos estaria fundamentado no antogismo entre uigures e chineses da etnia han. Afinal, os próprios ataques terroristas praticados contra civis e lideranças políticas, institucionais e religiosas não diferem os hans dos uigures, constituindo acima de tudo um ataque à soberania nacional chinesa e ao conjunto da população do país.

O caso do Tibete também se enquadra em lógicas semelhantes. Desde a integração deste território ao Império chinês em 1239, quando os mongóis ainda iniciavam as preparações do que viria a ser a dinastia Yuan (1271-1368), a região sofreu sequencialmente com a cobiça e as diversas incursões estrangeiras. Em 1337, Mohammed Tugluk, de Délhi, enviou cerca de 100.000 soldados para tentar a tomada da região, numa operação derrotada conjuntamente por chineses e tibetanos. Ao longo do século XVIII, as tropas do Reino do Nepal tentaram em duas oportunidades anexar o território tibetano, visando ao aumento de seus domínios territoriais. E ao longo do século XIX o Tibete esteve também sob as miras da Grã-Bretanha e da Rússia, numa disputa entrelaçada com as escaramuças do *Great Game* da Ásia Central, tendo os britânicos invadido a região em 1888 e em 1903, quando lograram garantir privilégios comerciais diante dos lamas tibetanos.

Ao longo da hegemonia manchu dos Qing, Pequim exerceu forma híbrida de suserania com os representantes imperiais residentes em Lhasa. Tal operação foi dificultada pela distância da região e pela própria cultura nômade tibetana, que freou a conversão completa da população local aos costumes chineses. Mas ainda assim os manchus mantiveram a reivindicação da região como parte do império, rechaçando incursões estrangeiras. Inclusive, com o fim da Dinastia Qing, em 1912, os britânicos se valeram da fragilidade conjuntural chinesa para, a partir de suas autoridades coloniais na Índia, armar uma conferência tripartite – envolvendo também os tibetanos – na qual buscassem uma negociação vantajosa da demarcação de fronteiras entre os dois países, exatamente às custas do território chinês no Tibete. O resultado da conferência foi a demarcação da fronteira na chamada Linha McMahon, num acordo assinado apenas pelos representantes britânicos e tibetanos, o que levou a China a não reconhecer a demarcação, tendo em vista que os tibetanos careciam de legitimidade para consagrar o acordo.

Com a queda dos Qing, a influência chinesa sobre a região foi afrouxada. Ainda que ao longo do domínio do Kuomintang o Tibete fosse considerado um "território especial" chinês, os tibetanos não mais aceitavam a submissão ao governo central chinês, tornando frágil o controle sobre a região após a proclamação da república (1912 e 1950). Ao longo da guerra civil entre comunistas e nacionalistas, o PCCh manteve firme a linha de reivindicar o controle da China sobre o conjunto dos territórios antes sob o domínio da Dinastia Qing (1644-1911), incluindo, zonas de minorias étnicas, tais como o Tibete, Xinjiang e a Mongólia Interior. A única exceção a essa compreensão foi a Mongólia Exterior, declarada República Popular da Mongólia em 1924, tendo em vista os ótimos laços que nutria com Moscou, o que fortaleceu a orientação comunista chinesa em prol do reconhecimento de sua independência.

O PCCh, que já controlava o território da Mongólia Interior ao longo da guerra civil, não teve dificuldades de estabelecer seu domínio sobre Xinjiang e com outras áreas de minorias étnicas nos anos subsequentes após a revolução de 1949. Diferindo desse padrão, os acontecimentos no Tibete ensejaram maiores distúrbios para as pretensões de unificação territorial dos comunistas. As negociações entre as partes avançaram apenas após substancial incursão militar do Exército de Libertação Popular (ELP) sobre a região, com os tibetanos assinando um acordo de dezessete pontos em maio de 1951, no qual se destacam duas cláusulas: a de que o povo tibetano deveria reconhecer a República Popular da China como sua terra natal, e a de que as autoridades chinesas não alterariam o sistema político em voga no Tibete. Dessa forma, ao tempo em que os tibetanos recuaram de suas pretensões independentistas, os comunistas abriram mão de romper com o domínio senhorial vigente naquelas terras. Em 1955, os diálogos avançaram para que gradualmente fosse implementada a Região Autônoma do Tibete, tendo à sua frente a liderança do Dalai Lama.

No entanto, o pacto foi rompido em março de 1959, quando uma grande rebelião contra os chineses foi iniciada pelas elites locais, encabeçadas por Gyalo Thondup, irmão do Dalai Lama. Rapidamente controlada pelos chineses, resultou na fuga do Dalai Lama para Dharamshala, na Índia, a partir de onde passou a reivindicar o controle de um governo tibetano no exílio, com respaldo estadunidense. Tal iniciativa não estava isolada do contexto mais amplo da Guerra Fria, pois o Congresso dos Estados Unidos já havia considerado o Tibete como um território com direito à autodeterminação, enquanto a CIA colaborava desde 1956 com a preparação de guerrilheiros tibetanos insurgentes. O resultado foi a organização da sublevação de 1959, chamada de Operação ST-Circus, contando com o apoio de agentes do Nepal e do serviço de inteligência da Índia.

Em síntese, o rompimento dos acordos de 1951 foi estabelecido por uma opção política das elites (predominantemente religiosas) tibetanas, ao perceber o apoio dos Estados Unidos para estabelecer a independência da região no quadro da bipolaridade. Assim, renegaram a já acordada manutenção do sistema político e direção da Região Autônoma do Tibete, o que facultou aos chineses implementarem uma série de reformas socializantes logo após o controle da sublevação de 1959, abolindo os privilégios senhoriais e alinhando a organização regional à perspectiva em voga no restante do país.

Nos anos subsequentes, o Dokham Chushi Gangruk (Força de Voluntários de Defesa Chushi Gangdruk) manteve ativas suas organizações guerrilheiras junto da CIA, valendo-se de bases nos países vizinhos, especialmente em Mustang, no Nepal, e com apoio subliminar da Índia, que acumulava rusgas com os chineses, tendo em vista a ainda não resolvida questão da demarcação de fronteiras na região. Entretanto, a aproximação dos Estados Unidos com a China no começo da década de 1970 minou os fundamentos de manutenção das atividades insurgentes. Nesse contexto, o Nepal fechou os campos de treinamento em Mustang, e o Dalai Lama enviou comunicado aos guerrilheiros em julho de 1974, aconselhando a rendição e a entrega das armas ao exército do Nepal.

Desde então, cessaram por completo as operações militares independentistas tibetanas, mas a figura do Dalai Lama seguiu sendo utilizada reincidentemente para desgastar internacionalmente o governo comunista chinês. Em 1989, mesmo ano da repressão chinesa aos protestos na Praça Tiananmen, o Dalai Lama recebeu o Prêmio Nobel da Paz, e mais recentemente, em 2007, a Medalha de Ouro do Congresso dos Estados Unidos, maior honraria civil do país, já no contexto de potencialização da campanha *Free Tibet*, em meio às prévias para a realização dos Jogos Olímpicos de 2008 em Pequim.

Em ambos os casos, do Tibete e de Xinjiang, a narrativa hegemônica nos principais meios de comunicação da grande mídia ocidental é direcionada a demonstrar uma suposta contradição entre os interesses fundamentais do governo central chinês e das respectivas populações tibetana e uigur dessas regiões. Dessa forma, buscam vincular as problemáticas dessas regiões com questões internacionais de direitos humanos e liberdade religiosa, acusando a China de reprimir minorias étnicas e de negligenciar as necessidades ordinárias da população local.

Como percebido na retrospectiva histórica dos conflitos envolvendo tais populações, as bandeiras políticas em prol da independência e secessão territorial não foram necessariamente provenientes da organização política dos povos em questão, mas fomentados a partir de focos de poder vinculados às grandes potências coloniais. Assim o fez a Grã-Bretanha com o Tibete na transição do século XIX para o XX, valendo-se de sua colônia, a Índia, para buscar uma aproximação com os tibetanos e intensificar as agressões imperialistas ao conjunto da China no quadro do Século de Humilhação. Da mesma forma, a potencialização dos grupos separatistas uigures esteve profundamente vinculada aos desdobramentos da Guerra Fria na Ásia Central e adjacências, e especialmente aos antagonismos entre os interesses das potências ocidentais, em especial os Estados Unidos, com a China nos anos subsequentes à queda do Muro de Berlim.

No entanto, a análise minuciosa da postura governamental chinesa frente às duas regiões desmente, por si própria, o conjunto dessas tentativas de vinculação das questões candentes de suas populações com as problemáticas de direitos humanos ou de perseguições a minorias étnicas. Nas últimas décadas, a China tem buscado combinar a promoção do desenvolvimento com a repressão aos focos de desestabilização. Isto é, em meio ao mais notável processo de modernização e mobilização social, o governo chinês tem de lidar com o imperativo de superar clivagens sociais, regionais e étnico-religiosas entrelaçadas, frequentemente fomentadas por atores estrangeiros.

No caso das províncias ocidentais chinesas, há preocupações relevantes com inúmeros fatores: 1) a integridade territorial, crucial a qualquer nação; 2) a estabilidade política do país, ligada à não fragmentação político-territorial; 3) as reservas de recursos naturais, hidrocarbonetos, minérios e água; 4) a importância regional para a realização dos testes nucleares; 5) a posição estratégica que proporcionam para a integração com os países da Ásia Central e das imediações regionais chinesas; 6) a fronteira de crescimento da economia para as próximas décadas.

Ainda em 2000 foi lançada pelo presidente Jiang Zemin a campanha do Desenvolvimento do Grande Oeste, visando estabelecer corredor comercial e energético para conectar a China aos vizinhos da Ásia Central. Nesse mesmo sentido, a China impulsionou a criação, em 2001, da Organização da Cooperação de Xangai (OCX) – junto a Rússia, Cazaquistão, Quirguistão, Uzbequistão e Tadjiquistão –, tendo como um de seus principais eixos o combate multilateral à proliferação de grupos extremistas na Ásia Central. A organização nasceu com a prioridade de combater os três males (separatismo, terrorismo e fundamentalismo), no contexto da Guerra Global ao Terror (GGT), desencadeada por Washington e, desde 2017, passou a contar com Índia e Paquistão. O coroamento da integração e do desenvolvimento regionais é, todavia, a própria construção da Nova Rota da Seda. Inclusive, o seu Corredor Econômico China-Paquistão interliga o porto de Gwadar, no Paquistão, com Xinjiang, colaborando portanto com o próprio impulsionamento econômico da província.

Nesse contexto, o governo chinês tem estendido o rol de suas políticas voltadas para as minorias étnicas. Com o documento Autonomia Regional para Minorias Étnicas na China (2005), do Gabinete de Informação do Conselho de Estado da República Popular da China, o país estabeleceu, em 2003, 155 áreas autônomas étnicas, somando ainda 30 prefeituras autônomas e 120 municípios autônomos. Quer dizer: além de usufruir dos mesmos direitos de outros órgãos estatais, esses locais possuem direito de formular regulamentos de autogoverno de modo a atender às condições específicas do grupo étnico, incluindo uso e desenvolvimento de seus idiomas, liberdade de crença religiosa e costumes, autonomia da formulação de políticas educacionais e culturais etc[46].

Na contramão do que é exposto na grande mídia ocidental, o governo chinês tem promovido substanciais esforços em defesa dos interesses das minorias étnicas e religiosas, como atesta a construção de mais 35.000 mesquitas em Xinjiang - muito mais que as 2.300 na França, 2.106 nos Estados Unidos ou 1.600 na Grã-Bretanha, que, mesmo numa base *per capita,* daria cerca de três vezes mais mesquitas no país oriental. Em termos educacionais, o censo da população nacional de 2000 já indicava que os números de escolaridade das minorias étnicas - incluindo também coreanos, manchus, mongóis e cazaques - eram superiores à média nacional. Da mesma forma, em termos de preservação cultural as minorias também recebem destaque, tendo, no fim de 2008, atingido a marca de existência de 10.282 organizações culturais étnicas, incluindo exposições de arte, bibliotecas, centros culturais e museus, número novamente superior aos da média nacional.

Para se ter uma ideia, nos anos subsequentes à revolução de 1949, não existiam quaisquer rastros de ferrovias em Xinjiang, ou de qualquer estrada no Tibete, tamanho era o atraso produtivo, econômico e social da região, com escassa infraestrutura disponível para a população. E as melhorias na qualidade de vida são hoje evidentes, como atestam os dados da Associação Mundial de Medicina Natural, que declarou Xinjiang

---

46. Disponível em: http://www.gov.cn/english/official/2005-07/28/content_18127.htm.

como uma das quatro regiões do mundo com maior média de longevidade, tendo o maior número de pessoas centenárias por milhão de pessoas da China. No Tibete, a expectativa de vida subiu de 35,5 anos em 1951 para mais de 67 na atualidade.

Em termos de desenvolvimento econômico, os resultados são igualmente estrondosos. Em termos gerais, o PIB das áreas povoadas por minorias étnicas subiu de US$ 79 bilhões de yuans em 1952 para cerca de US$ 3,06 trilhões em 2008. Sobre Xinjiang, especificamente, o Escritório de Informação do Conselho de Estado (SCIO) divulgou relatório apresentando os seguintes números acerca dos últimos 70 anos: 1) aumento do PIB de 791 milhões de yuans em 1952 para 1,22 trilhão de yuans em 2018, com um crescimento médio anual de 8,3%; 2) aumento do PIB *per capita* em 37,7 vezes nesse mesmo período, com base no ajuste da inflação para 49.475 yuans. No Tibete, o PIB saltou de 327 milhões de yuans em 1965 para cerca de 39,59 bilhões em 2008, registrando crescimento econômico médio de 12%.

Sem dúvida, o desenvolvimento e a mobilidade social são, afinal, variáveis da integridade territorial, da coesão social e da estabilidade política do país. É importante destacar, nesse sentido, que o IDH da China passou de 0,410 em 1978 para 0,761 pontos em 2020 – sendo o único país que mudou de categoria de baixo desenvolvimento humano para a categoria de alto desenvolvimento humano desde o início das análises do PNUD em 1990[47]. Isso se relaciona com outro fato central: em 2020 o país anunciou a erradicação da pobreza, tendo retirado 850 milhões de habitantes da linha da pobreza desde 1978[48], enquanto urba-

---

47. Ver relatório do PNUD: http://hdr.undp.org/en/content/national-human-development-report-2019-china#:~:text=China's%20Human%20Development%20Index%20(HDI, global%20HDI%20trends%20in%201990.

48. Ver reportagem da agência chinesa CGTN, disponível em: https://news.cgtn.com/news/2020-09-29/China-s-role-in-poverty-alleviation-Ua3rlpYYZW/index.html.

nizou 653 milhões de habitantes nesse período. De todo modo, o PCCh sabe da complexidade dos desafios relacionados às desigualdades sociais e regionais entre campo e cidade.

Deve-se ressaltar que Xinjiang e a Mongólia Interior, zonas povoadas por minorias étnicas, são extremamente importantes para o sucesso da Nova Rota da Seda, não somente pelos recursos naturais e dimensões territoriais, mas também pela condição de espaço de conexão de todo tipo de infraestrutura. A questão de fundo ultrapassa a dimensão econômica, pois o oeste chinês é parte da reconstrução nacional, da integração regional e da projeção global da China. Em outras palavras, há um Novo Grande Jogo que passa por tais territórios euro-asiáticos, à medida que desta região dependem a integração territorial chinesa e sua liderança sobre a integração regional impulsionada via OCX e Nova Rota da Seda.

Claramente, a mobilização ocidental das bandeiras em defesa das minorias étnicas sob a direção das palavras de ordem em prol dos direitos humanos replica as estratégias de avanço imperialista de outrora, emulando eixos fundamentais da discursividade que orientou, por exemplo, a postura dessas mesmas potências diante da China ao longo do Século de Humilhação e da própria Guerra Fria. Distintamente do que é propagado, o governo chinês tem avançado substancialmente no equacionamento das problemáticas sociais das regiões povoadas pelas minorias étnicas, valendo-se de um robusto processo de desenvolvimento econômico e social para fortalecer os laços entre as diferentes etnias que, conjuntamente, constroem a nação chinesa.

Também na esteira desses movimentos em prol da desestabilização interna chinesa, constam outras heranças provenientes do período de agressão imperialista e da Guerra Fria, tais como a questão de Hong Kong e a de Taiwan. Quanto à primeira, ainda na década de 1820 os traficantes de ópio britânicos se utilizavam da baía de Hong Kong para desembarcar suas mercadorias. Quando enviado para missão diplomática na China a mando britânico, o oficial naval escocês Lord Napier observou, entre suas anotações, a existência de um afloramento rochoso esparsamente povoado, que forneceria um bom porto natural, exatamente na mesma baía de Hong Kong. Portanto, não foi por acaso que uma das condições do Tratado de Nanquim, que deu fim à Primeira Guerra do Ópio em 1842, estabeleceu a entrega da ilha de Hong Kong aos domínios britânicos. Em 1856, o Acordo de Pequim, decorrente dos eventos da Segunda Guerra do Ópio, ampliou as concessões coloniais nos arredores de Hong Kong com a absorção de Kowloon do Sul pelos britânicos. Por fim, o contexto de debilidade da dinastia Qing, aprofundado pela Primeira Guerra Sino-Japonesa (1894-1895), forneceu os fundamentos do terceiro tratado desigual concernente à questão de Hong Kong, com arrendamento, por 99 anos, de uma área ao sul do rio Shenzen e de 235 ilhotas para os britânicos, que intitularam tais porções territoriais de "Novos Territórios".

Ao longo das décadas subsequentes, sob a égide do colonialismo britânico, o inglês seria declarado língua oficial do território e uma série de leis discriminatórias seriam promulgadas, excluindo a população chinesa de importantes prerrogativas que eram facultadas aos ocupantes ocidentais. À manutenção do tráfico de ópio na região, somaram-se atividades tais como tráfico de trabalhadores chineses, envolvendo camponeses pobres sequestrados na China continental e transportados na condição de escravos para outros países.

A resistência da população local e do governo central chinês à exploração colonial britânica se instalaria lentamente, numa perspectiva demandante que nem sempre atingiu os objetivos propostos. Ainda assim, a China logrou, em 1943, restabelecer o controle sobre Weihaiwei, uma das áreas anexadas pelos britânicos que não constava nos Novos Territórios. Em 1943, foi finalmente abolida a extraterritorialidade dos britânicos em Hong Kong. Mas foi apenas após o triunfo comunista, com o estabelecimento da República Popular da China, em 1949, que o governo central assumiu uma postura firme e ininterrupta com relação à questão de Hong Kong: a de reivindicá-la como parte do território chinês e de negar reconhecimento aos tratados de desiguais que colocaram Hong Kong, Kowloon do Sul e os Novos Territórios sob a guarda britânica.

Ao tempo em que mantiveram-se os principais sustentáculos da dominação segregacionista, excludente e racista do colonialismo britânico, ao longo do século XX, a colônia logrou consolidar-se enquanto um importante centro financeiro da região, tendo em vista a grande relevância de seu posicionamento geográfico, que lhe facultou deter um dos principais portos da Ásia, sua estrutura institucional de regulamentação estatal flexível e baixos impostos. No entanto, tal ascensão na importância econômica da colônia não foi suficiente para que ocorressem mudanças substanciais na sua forma de governo, que até 1985 não registrou qualquer eleição para seus postos dirigentes, diretamente nomeados pelo governo britânico, que apenas flexibilizou a institucionalidade eleitoral às vésperas de deixar o domínio do território em mãos da China.

Com o avanço das reformas governamentais chinesas a partir do final da década de 1970 e o respectivo lançamento da fórmula *um país, dois sistemas* por Deng Xiaoping, Hong Kong passou a ser gradualmente integrada à esfera econômica da China continental, cumprindo importante papel na atração de investimento direto para o país. Esse contexto facultou a abertura das negociações que culminaram na posterior debandada britânica. Dessa forma, em 1982, há quinze anos de se esgotar o prazo de concessão dos Novos Territórios (o que ocorreria em 1997),

Deng Xiaoping e Margareth Thatcher reuniram-se em Pequim para a primeira rodada de conversações envolvendo a questão de Hong Kong, e em 1984 foi assinada por ambas as partes a Declaração Conjunto Sino-Britânica sobre a Questão de Hong Kong.

Nos anos subsequentes, avançou gradualmente o processo que culminaria na retomada de Hong Kong pela China, sob a fórmula *um país, dois sistemas*, em 1997, de acordo com os parâmetros estabelecidos pela Lei Básica da Região Autônoma Especial de Hong Kong. Assim, a cidade manteria sua institucionalidade de viés liberal e sua economia capitalista por mais cinquenta anos após a transferência. Ao tempo em que Hong Kong manteria esse relativo grau de autonomia, a China retomaria, portanto, sua soberania sobre o território, exercendo o comando de suas relações exteriores e de defesa.

Outrora peça fundamental na estratégia chinesa de alavancar as reformas econômicas, Hong Kong vem recentemente perdendo parte do seu dinamismo produtivo e financeiro, sobretudo após o ingresso da China na Organização Mundial do Comércio (OMC), em 2001, em função do robusto crescimento de outros vigorosos polos econômicos na China continental. Assim, se à época do início de sua reincorporação à China, em 1997, o seu PIB representava 18% do total do país, em 2013 representava apenas 3%. Ainda que mantendo sua posição como relevante porto na costa chinesa (é o 7º maior do mundo), também reduziu seu protagonismo na medida em que a China detém outras estruturas portuárias de grande porte, tais como as de Xangai, Ningbo-Zhoushan, Shenzhen, Guangzhou, Qingdao e Tianjin (respectivamente o 1º, 3º, 4º, 5º, 8º, 9º portos do mundo).

Paralelamente, Hong Kong preserva elevada concentração de renda e disparidades sociais remanescentes do longo período colonial britânico, o que nem mesmo a incorporação parcial ao bem-sucedido projeto nacional chinês foi capaz de superar neste curto prazo. Visando dinamizar a região, o governo chinês tem feito grandes investimentos em infraestrutura, conectando Hong Kong às zonas adjacentes, como demonstra a construção da ponte entre Hong Kong-Zhuhai-Macau, de 23 km sobre as águas. Nesse sentido, a perda de dinamismo econômico por um lado, e a herança maldita das desigualdades e assimetrias sociais oriundas do colonialismo britânico por outro, formam o caldo de insatisfação da população, que permitiu a captura dos descontentamentos por agentes políticos vinculados aos interesses imperialistas estrangeiros.

Consequentemente, desde a Revolução dos Guarda-Chuvas de 2014, a ilha vem sofrendo com a intermitente ascensão de movimentos políticos insurgentes, por vezes com caráter separatista. Numa dessas grandes ondas de manifestações, em 2019, a alegação de sua motivação residia na proposição do governo chinês em alterar a lei de extradição da Região Administrativa, visando acabar com uma importante brecha utilizada por criminosos para se refugiarem em Hong Kong, tendo em vista que essa mantém seus próprios tratados de extradição com outras nações.

No caso de Hong Kong, a NED (*National Endowment for Democracy*) atuou de forma explícita no fomento aos movimentos secessionistas, como revela o próprio *site* da entidade ao informar os montantes de dólares destinados às atividades políticas das organizações rebeldes ao domínio chinês. Tal evidência de financiamento estrangeiro ao movimento, complementado por mais uma série de organizações não-governamentais ocidentais, emula as práticas das já reincidentes Revoluções Coloridas, coincidentemente mobilizadas nos últimos anos em favor da derrubada de governos não alinhados com as orientações estratégicas dos Estados Unidos e seus aliados no plano internacional. Financiadas por potências estrangeiras, não é sequer estranho que tais organizações políticas tenham hasteado a bandeira da antiga Hong Kong, dominada pelo colonialismo britânico, e a dos Estados Unidos – ironicamente para defender a democracia.

O caso de Taiwan também se entrelaça com tal contexto supracitado. Há que se observar que a Ilha de Formosa foi, historicamente, alvo de cobiça das potências ocidentais, tendo seu controle disputado por Espanha e Holanda ainda no século XVII, antes da anexação formal à China feita pela Dinastia Qing em 1683. Após a derrota da China na Primeira Guerra Sino-Japonesa (1894 -1895), passou a ser colonizada diretamente pelos japoneses, constando como parte das indenizações do Tratado de Shimonoseki, que deu fim ao confronto militar. Apesar das inúmeras revoltas e dos atos de resistência chinesa ao longo das décadas de ocupação nipônica, o fim do controle sobre Taiwan foi efetivado apenas como decorrência da Segunda Guerra Mundial, já no contexto da rendição geral japonesa.

No entanto, os próprios desdobramentos da guerra civil entre comunistas e nacionalistas renderia nova contenda envolvendo a ilha, já que as forças derrotadas do Kuomintang abrigaram-se exatamente em Taiwan diante da derrota militar no conjunto da China continental. Dali, a direção do Kuomintang passou a reivindicar o comando da República da China, mantendo o nome e a bandeira oficiais que utilizavam na China continental até a vitória dos comunistas. Tal operação logrou conquistar proteção diplomática e militar dos Estados Unidos nos anos subsequentes, valendo-se do contexto da Guerra Fria. Desde então, as contradições entre a República Popular da China e o governo rebelde da ilha, que reivindica o controle da República da China, enfrentam tensões intermitentes. Inclusive, Taiwan logrou manter assento permanente no Conselho de Segurança da ONU, representando a China, desde a sua criação até 1971, quando a aproximação entre Pequim e Washington reverteu a situação. Foi esse contexto que fomentou duas grandes crises diplomáticas envolvendo o Estreito de Taiwan na década de 1950, a primeira com início em 1954 e a segunda em 1958, chegando a suscitar o envolvimento dos Estados Unidos e da União Soviética nas rusgas.

Conjuntamente ao período de ascensão das reformas chinesas promovidas no final da década de 1970, Taiwan também se consolidou como um dos importantes Tigres Asiáticos, frente ao aprofundamento das relações comerciais com atores-chave da região. Desde então, a estratégia chinesa de contenção desse imbricado processo separatista mesclou a busca do isolamento diplomático de Taipei, baseada na estratégia diplomática de *uma só China*, com a paralela busca de aproximação desta com a China continental, com base na fórmula de "um país, dois sistemas".

Dado o aprofundamento das relações, em 1987, os residentes de Taiwan passaram a ter permissão para visitar a China e, em 1991, a ilha suspendeu o chamado regime de emergência, encerrando unilateralmente o Estado de guerra com a China. No entanto, entre 1995 e 1996 foi deflagrada a chamada terceira crise do Estreito de Taiwan, envolvendo novas tensões entre as partes. No campo dos avanços no relacionamento, Pequim adotou em 2005 uma lei que torna ilegal a secessão de Taiwan, sob o risco de uma ação militar, e em 2010 consolidou o Acordo-Quadro de Cooperação Econômica Abrangente junto da província rebelde. Apesar das intermitentes rusgas, Pequim aposta não em sanções e embargos, mas na intensificação dos laços comerciais e financeiros para dissuadir Taipei de seus intentos separatistas, resultando que tornou-se o primeiro parceiro comercial da ilha, bastante à frente dos outros parceiros importantes, tais como Estados Unidos e Japão.

A questão de fundo é que Taiwan segue fazendo parte do desígnio de completar a unificação nacional e, após a recuperação de Xinjiang e do Tibete nos anos subsequentes à Revolução de 1949, e de Hong Kong e Macau ao final da década de 1990, Taiwan segue sendo o único território pertencente à China durante a Dinastia Qing que ainda não foi plenamente integrado, com a exceção da Mongólia, com independência reconhecida pelo governo chinês. Para além das relações sino-taiwanesas, a equação da problemática interage inevitavelmente com Washington. Afinal, desde que os Estados Unidos fortaleceram suas relações no campo securitário e diplomático com Taiwan, ainda nos primeiros capítulos da Guerra Fria, a ilha tem sido peça fundamental do teatro de desestabilizações ao governo chinês, mais recentemente articulando-se aos litígios vinculados às questões do Mar do Sul da China. Sob a presidência de Donald Trump, tal conflito assumiu nova roupagem, na medida em que este violou a ruptura diplomática estadunidense estabelecida desde 1979 e abriu diálogo direto com o presidente de Taiwan, num gesto sem precedentes nos quarenta anos anteriores.

Cada dia ficam mais perceptíveis os objetivos em prol de forçar um conflito envolvendo Taiwan. A ilha é responsável por cerca de ¾ da produção global de semicondutores menores que nove nanômetros e, portanto, peça-chave na disputa pela liderança desse segmento. Não por acaso, os Estados Unidos atraíram uma planta da empresa *Taiwan Semiconductor Manufacturing Company* (TSMC) para seu território, ao passo que fustigam as relações da China continental com Taiwan.

Em síntese, os movimentos separatistas do Tibete e de Xinjiang, a tentativa de execução de uma Revolução Colorida em Hong Kong e a própria continuidade dos imbróglios envolvendo a integração de Taiwan não se dissociam da atuação de Washington e sua rivalidade diante da ascensão da China. Esses são, pois, instrumentos que a diplomacia estadunidense seguirá mobilizando em sua Nova Guerra Fria e, portanto, fazem parte do grande arco dos desafios securitários da Nova Rota da Seda. Com efeito, as questões de integridade territorial chinesa, vinculadas historicamente ao processo de reconstrução nacional encabeçado pelo PCCh desde 1949, se entrelaçam com o panorama mais amplo da inserção internacional da China, constituindo peça-chave para a compreensão dos desafios que permeiam o conjunto das movimentações de sua política exterior.

3.6 O Brasil, a China e o sistema internacional em transição

Ainda que o estabelecimento das relações entre Brasil e China remonte ao século XIX, quando foi concluído um Tratado de Amizade, Comércio e Navegação entre os países, em 1881, e aberto o consulado brasileiro em Xangai, em 1883, o maior estreitamento dos laços apenas ocorreu de fato no último quarto do século XX. Afinal, após a revolução de 1949, as relações entre a nascente República Popular da China e o Brasil foram rompidas, no contexto da Guerra Fria. Logo, a diplomacia brasileira priorizou os contatos com Taiwan, estabelecendo embaixada em Taipei, em 1952, e os dirigentes chineses ensejaram maiores esforços nas relações com os partidos comunistas e agrupamentos a eles alinhados ideologicamente, em detrimento da centralidade das relações com os próprios Estados nacionais.

Somente em 1974, durante o governo de Ernesto Geisel (1974 -1979), foram restabelecidas as relações com a China. Do lado brasileiro, a política externa universalista, de extrema perspicácia na defesa dos interesses nacionais, conduzida por Azeredo da Silveira e carregando a alcunha do "Pragmatismo Ecumênico e Responsável", não apenas reatou com Pequim, como também reconheceu o governo do Movimento Popular de Libertação de Angola (MPLA) e se aproximou comercialmente da União Soviética e dos países do Leste Europeu.

Do lado chinês, a política de Reforma e Abertura visava à superação do isolamento, tomando por manobra tática a aproximação com os Estados Unidos a partir da chamada Diplomacia do Ping-Pong. Nesse panorama, o autodeclarado anticomunista Geisel restabeleceu relações com a China em favor de agendas comuns, como as defesas da ampliação do mar territorial para 200 milhas, da não interferência em assuntos internos das nações, da cooperação entre países terceiro-mundistas e da oposição ao protecionismo das economias mais desenvolvidas.

A aproximação foi ganhando densidade com acontecimentos como as visitas dos presidentes João Baptista de Oliveira Figueiredo e José Sarney à China, em 1984 e 1988, respectivamente. Além do mais, a década de 1990 foi marcada por maior sinergia econômica entre as duas nações, frente a um panorama de abertura da economia brasileira e de aceleramento do processo de desenvolvimento chinês. Nesse contexto, o primeiro-ministro Zhu Rongji cunhou a expressão "parceria estratégica" para definir a relação da China com o Brasil, em 1993, a primeira parceria internacional chinesa com essa alcunha.

Após a China adentrar a Organização Mundial do Comércio (OMC) em 2002, os vínculos econômico-comerciais com o Brasil foram potencializados, e em 2009 os chineses se tornaram os principais parceiros comerciais brasileiros. Longe de constituir uma questão trivial, esse dado diz muito sobre o Brasil e as próprias transformações correntes no conjunto da ordem global, afinal rompeu com um contínuo predomínio estadunidense na condição de principal parceiro comercial brasileiro, que perdurava desde 1929. E, evidentemente, deve servir de referência para iluminar as decisões do Brasil não apenas sobre o relacionamento bilateral, mas também sobre oportunidades e desafios globais no século XXI.

Dito isso, analisemos os dados da dimensão comercial bilateral: em 1974, ano do reatamento das relações, o fluxo comercial sino-brasileiro partiu de 19,4 milhões de dólares para 1,2 bilhão duas décadas depois, em 1994, chegando a 36,1 bilhões em 2009, e a US$ 63,357 bilhões em 2019. No contexto da pandemia do coronavírus, entre os meses de janeiro e junho de 2020, a China foi destino final de 33,8% de todas as exportações brasileiras (ante 28,5% no mesmo período de 2019), totalizando US$ 34,3 bilhões – enquanto as importações corresponderam a 12%, somando US$ 16,6 bilhões e resultando num superávit de US$ 17,6 bilhões. A título de comparação, os EUA, segundo principal destino das exportações brasileiras no período, absorveram apenas 8,5% do total das exportações.

No âmbito da cooperação científico-tecnológica, em 1988 foi assinado o acordo para implementação do Programa de Satélites Sino-Brasileiros de Recursos Terrestres (*China-Brazil Earth Resources Satellite* – CBERS) – que desde então já procedeu o lançamento de seis satélites (1999, 2003, 2007, 2013 e 2019). Outra cooperação sinérgica tem sido as intermediações entre a Empresa Brasileira de Pesquisa Agropecuária (EMBRAPA) e a Academia Chinesa de Ciência da Agricultura (*Chinese Academy of Agriculture Science* – CAAS).

No âmbito diplomático, destacam-se a criação da Comissão Sino-Brasileira de Alto Nível de Concertação e Cooperação (COSBAN) e do Conselho Empresarial Brasil-China (CEBC), em 2004; a assinatura dos Planos de Ação Conjunta (PAC) para os períodos de 2010-2014 e 2015-2021; a elevação da Parceria Estratégica, ensejada em 1993, para Parceria Estratégica Global em 2012; e a instituição do Plano Decenal de Cooperação (2012-2021). Ademais, ao longo da primeira década do século XXI, o Brasil fomentou atuação conjunta com a China no processo de revisão das quotas-parte do Fundo Monetário Internacional (FMI), na institucionalização do G20 comercial e do G20 financeiro, no estabelecimento do BASIC e na criação do BRIC (posteriormente BRICS), este último tendo como seus principais desdobramentos a criação do Novo Banco de Desenvolvimento (NDB) e do Arranjo Contingente de Reservas (ACR), formalizados na Cúpula de Fortaleza, em 2014.

Os investimentos externos diretos (IED) chineses no Brasil também têm se intensificado, principalmente desde 2010. Atualmente, o estoque de IED chinês no Brasil gira em torno de US$ 80 bilhões, claramente orientados para atividades produtivas e com tendência a assumir cada vez maior convergência nas demandas brasileiras de robustecimento da infraestrutura do País. Mais da metade desse montante é direcionado ao setor de energia, capitaneado pelas empresas *State Grid* e *Three Gorges*, duas estatais chinesas. Até 2010, predominou o interesse pelo setor de *commodities* (petróleo, minérios e soja), seguido pelos aportes na área industrial e, posteriormente, os setores de energia elétrica e de infraestrutura.

Cabe observar que, se por um lado a China não tem empregado a força para lograr seus interesses, tampouco cabe a ela forjar os interesses nacionais do Brasil na relação bilateral. Ou seja, compete ao Brasil conduzir o interesse chinês de inserir o conjunto da América Latina nos projetos da Nova Rota da Seda na direção de seus objetivos na região. Trata-se, pois, de uma oportunidade para o Brasil impulsionar iniciativas de integração regional e superar gargalos no setor de infraestrutura, que há mais de 40 anos tem menos de 2% do PIB em investimentos, e agora se vê ainda mais fragilizado pelo desmonte de parte das grandes empreiteiras nacionais por ação da midiatizada e antinacional da Operação Lava Jato.

O relacionamento sino-brasileiro segue se incrementando, apesar de o Brasil ter passado por um ciclo de contínua instabilidade político-institucional desde as manifestações de junho de 2013, envolvendo a derrubada de Dilma, o interregno da gestão de Michel Temer e a ascensão de Jair Bolsonaro. Desde então, flagrantes incertezas quanto aos rumos da atuação internacional do Brasil foram erigidos, sobretudo diante da errática condução da diplomacia brasileira no governo Bolsonaro, responsável por romper com padrões históricos de conduta do Ministério das Relações Exteriores. Com a eleição de Lula, é nítido um esforço pela retomada do padrão histórico de autonomia e pragmatismo nas relações internacionais brasileiras.

Vale recordar que, ao longo de sua gestão à frente do Itamaraty, o Barão de Rio Branco, patrono da diplomacia brasileira, deparou-se com uma conjuntura na qual gradualmente os Estados Unidos vinham ocupando a centralidade que outrora a Grã-Bretanha tivera para o Brasil. Conservador confesso, e filho do monarquista Visconde do Rio Branco, o Barão não estabeleceu a chamada *aliança não escrita* com os estadunidenses por admirar suas ideologias ou seu sistema de governo, mas por ter consciência da relevância das relações com aquele país para garantir a estabilidade e o desenvolvimento do Brasil naquele momento histórico. Da mesma forma, Getúlio Vargas não se furtou de, em meio à Segunda Guerra Mundial, estabelecer a *equidistância pragmática* entre a Alemanha nazista e os Estados Unidos para garantir as melhores condições ao reequipamento das Forças Armadas e a instalação de uma planta siderúrgica avançada no Brasil, que veio a ser a de Volta Redonda.

Em contraste, a gestão diplomática brasileira sob Bolsonaro não preservou de equívocos sequer o relacionamento com o seu principal parceiro comercial, a China. Ao longo de sua campanha eleitoral, Bolsonaro fez inúmeras referências à China como país que estaria "comprando o Brasil". Aliás, visitou Taiwan em 2016, quando era deputado federal, violando o princípio de *uma só China*. O ex-ministro da Educação, Abraham Weintraub, chegou a afirmar que a China havia escondido informações sobre o coronavírus do resto do mundo para lucrar com a venda de equipamentos médicos, e o chanceler Ernesto Araújo nomeou o coronavírus de "comunavírus". Também nesse sentido, militantes de extrema-direita têm realizado atos políticos nos quais denunciam suposta intervenção da China em assuntos internos do País, ainda que não existam quaisquer evidências disso. Além do mais, a política externa de Bolsonaro optou por um alinhamento subserviente a Washington sem qualquer contrapartida palpável, enquanto retirou-se de importantes iniciativas de integração e diálogo regionais, como a UNASUL e a CELAC, e acumulou conflitos desnecessários com importantes parceiros comerciais e estratégicos, como os países árabes, europeus e sul-americanos.

Apesar dos desvios da diplomacia brasileira, a complexidade e a relevância da relação bilateral com a China dificulta alterações bruscas em sua condução. Afinal, importantes ministros, grupos de pressão e formadores de opinião sabem da importância da China para o Brasil e para a nova ordem global em conformação. Por essa razão, apesar dos atritos, o próprio governo Bolsonaro tratou de apaziguar a relação com a China, como demonstraram, por exemplo, as gestões do vice-presidente Hamilton Mourão junto da Comissão Sino-Brasileira de Alto Nível de Concertação e Cooperação (COSBAN), quando chegou a dizer que não se oporia à parceria com a Huawei para implementação do 5G no Brasil. Ademais, a China conduz sua diplomacia com pragmatismo, não permitindo que questões passageiras e setoriais interfiram naquilo que é crucial para o relacionamento bilateral de uma parceria estratégica.

A partir dos dados e do balanço histórico das relações entre China e Brasil, cabe tecer algumas considerações sobre oportunidades e desafios. Primeiro, a pauta das exportações brasileiras para a China é de fato composta majoritariamente por produtos primários, dado que em 2018 cerca de 82% foi constituída por soja (42,5%), petróleo (22,3%) e minério de ferro (17%). Deve-se considerar, porém, que: 1) o setor primário brasileiro tem considerável efeito encadeador na indústria e na inovação e 2) a primarização das exportações e os processos de desindustrialização ou perda de competitividade nacional têm raízes mais profundas, e configura-se desde meados da década de 1980 (de lá para cá, a participação da indústria no PIB caiu de 27% para cerca de 10%). Segundo, em 2019, a China representou 80% do nosso superávit e, ao longo de uma década como principal parceira comercial do País, proporcionou, entre 2009 e 2020, um saldo de US$ 170,7 bilhões - o que tem representado mais de dois terços do superávit nacional nos últimos anos. Sem esses saldos, a balança comercial e a própria importação de manufaturados sofreriam forte estrangulamento.

A questão de fundo é, portanto, outra: como poderemos forjar uma inserção internacional capaz de promover a soberania e o desenvolvimento nacionais através de políticas de Estado, e não apenas transitórias, de governo? Em outras palavras, os ganhos nas relações com a China, que já são consideráveis, tendem a ser potencializados a depender da estratégia nacional de desenvolvimento adotada. Ou seja, com uma política de ICT (industrial, comercial e tecnológica) coerente, podemos catapultar a cooperação científico-tecnológica, a atração de investimentos produtivos e a implementação de obras de infraestrutura, bem como conectá-las às articulações políticas de âmbito multilateral. Dessa forma, seria possível dar maior ênfase para o impulsionamento de *joint ventures*, investimentos produtivos e transferências tecnológias.

Na atual conjuntura, é perspicaz extrair o melhor da competição entre EUA e China, seja diante das disputas tecnológicas ou do processo de espraiamento da Nova Rota da Seda, tal como outrora fizeram Rio Branco e Getúlio, optando pelo alinhamento ou pela equidistância, a depender de nossos ganhos objetivos, e não de questões ideológicas. O momento, contudo, é de confusão, pois parte das elites dirigentes do Brasil segue com a cabeça em Miami, ainda que o bolso dependa cada vez mais de Xangai, turvando a condução da inserção internacional brasileira e obstruindo os avanços necessários para a concretização dos interesses nacionais de longo alcance.

CONCLUSÃO

Analisando o panorama conjuntural do sistema internacional, a única certeza que podemos ter é a de que passamos por um período de flagrante encruzilhada histórica: mudanças nos padrões tecnológicos, transformações na distribuição de poder no mundo e alterações demográficas profundas, envolvendo a crescente urbanização, passando pelas alterações nas taxas de natalidade e mesmo a grande difusão dos índices de escolarização a nível internacional. No âmbito geopolítico, esse período de transformações se reflete no recrudescimento das reações dos Estados Unidos diante da ascensão irrefreável da China, num contexto de erosão dos mecanismos de governança mundial, de crescente polarização social, de vulnerabilidade institucional e de escalada de violência. Mais do que nunca, essas complexas disjuntivas civilizacionais invocam novos elementos estabilizadores ao sistema internacional. A China e a Nova Rota da Seda, nesse sentido, apresentam-se como possibilidades ante um insofismável poder disruptivo.

Trata-se de um grande giro sistêmico do Ocidente para o Oriente, e do domínio norte-atlântico para a crescente predominância da Bacia do Pacífico e da Eurásia. No núcleo dessa transição está uma civilização cuja unificação do Estado data do século III a.C. e que experimentou ao longo de séculos a condição de polo de desenvolvimento e integração de um amplo sistema regional sinocêntrico. Mas também uma civilização que vivenciou, a partir das agressivas incursões imperialistas ocidentais do século XIX, um período de franco declínio. Sob o jugo das potências forasteiras ao longo do Século de Humilhação, a fragilizada dinastia manchu dos Qing se viu incapaz de resistir às brutais medidas que lhe eram impostas, e inerte nas tomadas de decisão que pudessem levar a China a um destino que não o da submissão às potências ascendentes. No entanto, o país logrou, apesar das dificuldades, retardar suficientemente o processo de fracionamento e destruição de sua unidade territorial, valendo-se de uma estratégia diplomática que jogava os inimigos invasores uns contra os outros.

Ainda assim, isso não impediu o brutal saque às riquezas chinesas, a perda do controle sobre importantes porções territoriais e tampouco a queda do bem-estar da população numa proporção suficiente para despertar um grande ciclo de revoltas políticas e sociais. E foi da conjugação dos fatores que envolviam o atraso da remanescente dominação feudal no campo e o crescente poderio do imperialismo estrangeiro sobre o conjunto da civilização chinesa que nasceram os elementos capazes de proporcionar a superação dessa condição. Primeiramente com a revolução republicana, sob a direção do progressista Sun Yat-Sen, que pôs fim ao longo domínio da dinastia manchu dos Qing ainda no alvorecer do século XX. Posteriormente, com a revolução antifeudal, anti-imperialista e socializante protagonizada pelo PCCh sob a direção de Mao Tsé-Tung.

Com a revolução socialista de 1949, enfim, a China voltou a almejar a plena soberania política sobre o seu território, a partir de um longo processo que envolveu desde a reocupação das zonas rebeldes ou dominadas pelas potências estrangeiras logo após a revolução, passando pela reincorporação de Macau e Hong Kong na década de 1990 e seguindo até os dias de hoje com as contendas que envolvem a questão de Taiwan. Desde então, a reconstrução nacional tem sido um processo sinuoso, repleto de contradições, reveses e correção de rumos. E, não obstante as dificuldades das primeiras décadas da revolução, foram suas tarefas de resgate da integridade territorial e de construção da infraestrutura e da indústria de base que deram condições para estruturar o posterior ciclo de modernização a partir da década de 1970.

A correção de rumos provocada pela política de Reforma e Abertura ensejou também o realinhamento geopolítico e diplomático da inserção internacional chinesa. Pequim produziu a mais impressionante manobra diplomática da segunda metade do século XX ao superar os impasses provocados pelos excessos da Revolução Cultural e pelos limites estreitos da bipolaridade soviético-estadunidense. E com essa aproximação sino-estadunidense, recuperou espaços na arena internacional, criou condições para acelerar o desenvolvimento e, nos dias atuais, disputar a liderança em vários campos com Washington. Ou seja, Pequim soube adequar-se às transformações internacionais e assumir o protagonismo condizente com sua mudança de estatura geoeconômica e geopolítica – passando, progressivamente, de um perfil cauteloso para outro, mais assertivo. Diante desse contexto, a China de hoje investe maciçamente em esforços para fortalecer os mecanismos de governança global, ao tempo em que assume a liderança de diversos mecanismos de concertação multilateral, tais como os BRICS, a OCX, o RCEP, entre outros.

A proposição da Iniciativa do Cinturão e Rota, que aqui chamamos de Nova Rota da Seda, aparece, portanto, como o projeto que melhor sintetiza as metas e ambições decorrentes desse longo processo histórico. Mais do que mera proposição de cooperação em nível regional e global, a Nova Rota da Seda constitui o mais acabado embrião de um projeto chinês de globalização, alternativo àquele de recorte neoliberal encabeçado pelos Estados Unidos ao longo das últimas décadas. Contrastando com o rentismo e suas contradições sociais, tal projeto se assenta essencialmente em instrumentos de cooperação baseados em investimentos produtivos, principalmente envolvendo obras de infraestrutura que interligam distintas partes do mercado global com a China, seja por dimensões terrestres ou marítimas. Inicialmente circunscrita ao seu entorno regional, com alguns importantes desdobramentos para a grande porção territorial eurasiática, a iniciativa já assume hoje proporções intercontinentais, agregando aos seus acordos institucionais uma série de países da América Latina e do Caribe, bem como do conjunto da África.

E é exatamente por esse contexto supracitado que o entendimento sobre o significado e as características da Nova Rota da Seda nos diz tanto acerca da transição sistêmica em curso. Afinal, é evidente que a superpotência declinante, os Estados Unidos, não resta inerte diante de tais acontecimentos. As reações de Washington, contudo, carregam um potencial conflitivo, tendo em vista que a condição de potência declinante incita a recorrência de comportamentos precipitados e, por vezes, erráticos, ensejando atuação disruptiva e propensa à escalada de violência.

Nesse sentido, o desfecho da disputa pela síntese que virá a reorganizar o sistema internacional no próximo século passa, indubitavelmente, pelo próprio desfecho da iniciativa liderada por Pequim. A nós, brasileiros, caberá a sabedoria de entender esses complexos processos e saber nos portar diantes de seus respectivos desafios, optando por um caminho que conceda prioridade aos investimentos produtivos, à cooperação multilateral e à não ingerência nos assuntos internos de terceiros países, ou ao já conhecido modelo baseado na especulação financeira, na assimetria de forças e nas intervenções políticas ou militares contra toda e qualquer iniciativa de viés contestatório.

BIBLIOGRAFIA

ALLISON, Graham. **A caminho da guerra**. São Paulo: Intrínseca, 2020.

AMIN, Samir. **Los desafíos de la mundialización.** México: Siglo XXI, 1996.

ARRIGHI, Giovanni. **O longo século XX**. Rio de Janeiro: Contraponto, 1996.

ARRIGHI, Giovanni; SILVER, Berverly. **Caos e governabilidade no moderno sistema mundial**. Rio de Janeiro: Contraponto, 2001

ARRIGHI, Giovanni. **Adam Smith em Pequim: origens e fundamentos do século XXI**. São Paulo: Boitempo, 2008.

BANDEIRA, Luiz. **A Segunda Guerra Fria.** Rio de Janeiro: Civilização Brasileira, 2013.

__________. **A desordem mundial.** Rio de Janeiro: Civilização Brasileira, 2016.

BERLIE, Jean A. **China's Globalization and the Belt and Road Initiative**. Londres: Palgrave, 2019.

__________. "Xinjiang and Central Asia's Pivot of History for the Belt and Road Initiative". In: BERLIE, Jean (ed.). **China's Globalization and the Belt and Road.** Switzerland: Palgrave Macmillan, 2020.

BRAUTIGAM, Deborah. **The Dragon's gift**. Oxford: Oxford University Press, 2009.

_________. **Will Africa feed China?** Oxford: Oxford University Press, 2015.

BROMBAL, Daniele. “Planning for a Sustainable Belt and Road Initiative (BRI): An Appraisal of the *Asian Infrastructure Investment Bank* (AIIB) Environmental and Social Safeguards”. In: SHAN, Wenhua; NUOTIO, Kimmo; ZHANG, Kangle. **Normative Readings of the Belt and Road Initiative**. Nova York: Springer, 2018.

BRUGIER, Camille. **China’s way: the New Silk Road**. Paris: European Union for Security Studies, 2014.

CHANG, H. J. **Chutando a escada: a estratégia de desenvolvimento em perspectiva histórica**. São Paulo: UNESP, 2004.

DEMISSIE, Alexander. “Special Economic Zones: Integrating African Countries in China’s Belt and Road Initiative”. Em: MAYER, Maximilian. **Rethinking the Silk Road**. Londres: Palgrave, 2018.

FAIRBANK, John King; GOLDMAN, Merle. **China: uma nova história**. Porto Alegre: L&PM, 2007.

FULLER, Graham; STARR, Frederick. **The Xinjiang Problem.** Mariland: The Johns Hopkins University, 2003.

HAYTON, B. **The South China Sea: The Struggle for Power in Asia**. New Haven: Yale University Press, 2014.

ISLAM, Md Nazrul Islam. **Silk Road to Belt and Road: Reinventing the Past and Shaping the Future**. Nova York: Springer, 2019.

JINGPING, Xi. **A governança da China II**. Beijing: Editora de Línguas Estrangeiras, 2018.

KISSINGER, Henry. **Sobre a China**. Rio de Janeiro: Objetiva, 2011.

LIANGQI, Lin. **The strength of democracy: how will the CPC march ahead**. Beijing: China Intercontinental Press, 2012.

LIMA, Haroldo. “E a China teve que devolver Hong Kong”. Em: LIMA, Haroldo; PEREIRA, Duarte; CABRAL, Severino. **China: 50 anos de República Popular**. São Paulo: Editora Anita Garibaldi, 1999.

LOSURDO, Domenico. **A esquerda ausente: crise, sociedade do espetáculo e guerra**. São Paulo: Anita Garibaldi, 2016.

MACKERRAS, Collin. **China ethnic minorities and globalization**. Londres: Routledge, 2003.

MAÇÃES, Bruno. **Belt and Road: a Chinese world order**. Londres: Hurst & Company, 2018.

MARTINS, José Miguel Quedi. "A Longa Marcha da Revolução Chinesa (1921-1979)". Em: MAZZUCATO, Mariana. **O Estado empreendedor: desmascarando o mito do setor público *vs.* setor privado.** São Paulo: Penguin, 2014.

MEDEIROS, Carlos. "China: entre os séculos XX e XXI". In: FIORI, José Luís (org.). **Estados e moedas no desenvolvimento das nações**. Petrópolis: Vozes, 1999, p. 379-411.

MILLER, Chris. **A Guerra dos Chips.** Rio de Janeiro: Globo, 2023.

MILLWARD, James. **Eurasian crossroads: a history of Xinjiang.** New York: Columbia University Press, 2007.

MOURA, Rafael. **Industrialização, Desenvolvimento e Emparelhamento Tecnológico.** Rio de Janeiro: Ideia D, 2021.

NAYAK, P. "One Belt One Road: the India perspective". Em: GARCIA, A. (ed.). **China: BRI o el nuevo camino de la seda**. Cidade do México: UNAM, 2018.

PAUTASSO, Diego. **Imperialismo – ainda faz sentido na Era da Globalização?** São Paulo: Cultura, 2022.

PAUTASSO, Diego; CEPIK, Marco. "Indo-Pacífico: entre a estratégia estadunidense e a resposta chinesa". **Pensamiento Propio**, v. 26, p. 45-69, 2021.

PAUTASSO, Diego; DORIA, G. "A China e as disputas no Mar do Sul: entrelaçamento entre as dimensões regional e global". **Revista de Estudos Internacionais**, v. 8, p. 18-32. 2017.

PAUTASSO, Diego; SCHOLZ, F. "A Índia na estratégia de poder dos Estados Unidos para a Ásia". **Conjuntura Austral**, v. 4, p. 35-54, 2013.

PAUTASSO, Diego; NOGARA, Tiago Soares; UNGARETTI, Carlos Renato; DORIA, Gaio. "A Iniciativa Cinturão e Rota e os dilemas da América Latina". **Revista Tempo do Mundo**, v. 24, p. 77-106, 2020.

PAUTASSO, Diego; NOGARA, Tiago Soares. "A ascensão chinesa e a Nova Guerra Fria". **Margem Esquerda**, v. 37, p. 53-59, 2021.

PAUTASSO, Diego; NOGARA, Tiago Soares; UNGARETTI, Carlos Renato; PRESTES RABELO, Ana Maria. "As três dimensões da Guerra Comercial entre China e EUA". **Carta Internacional**, v. 6, n. 2, 2021.

PAUTASSO, Diego. "EUA, liberalismo e imperialismo: uma leitura a partir de Losurdo". **Tensões Mundiais**, v. 16, p. 143-164, 2020.

PAUTASSO, Diego; NOGARA, Tiago Soares; COLÓRIO, Augusto; WOBETO, Victor. "O cerco multidimensional à Teerã e as relações sino-iranianas". **Tensões Mundiais**, v. 15, n. 29, p. 165-182, 2019.

PAUTASSO, Diego; UNGARETTI, C. R. "A Nova Rota da Seda e a recriação do sistema sinocêntrico". **Estudos Internacionais** 4 (3), p. 25-44, 2017.

PAUTASSO, Diego. "A Nova Rota da Seda e seus desafios securitários: os Estados Unidos e a contenção do eixo Sino-Russo". **Estudos Internacionais** 7: 85-100, 2019.

PAUTASSO, Diego. "Desenvolvimento e poder global da China: a política Made in China 2025". **Austral: Brazilian Journal of Strategy & International Relations** 18: 183-198, 2019.

PAUTASSO, Diego. "A geografia do desenvolvimento da Ásia-Pacífico: as particularidades do caso chinês". **Boletim Gaúcho de Geografia**, v. 34, p. 37-56, 2009.

PAUTASSO, Diego. UNGARETTI, Carlos. "A Nova Rota da Seda e a recriação do sistema sinocêntrico". **Estudos Internacionai**, v. 4, p. 25-44, 2017.

PINTO, Eduardo. "O eixo sino-americano e as transformações do sistema mundial: tensões e complementaridades comerciais, produtivas e financeiras". Em: LEÃO, Rodrigo; PINTO, Eduardo; ACIOLY, Luciana (org.). **A China na nova configuração global.** Brasília: Ipea, 2011.

REED, J. T.; RASCHKE, D. **The ETIM: China's islamic militants and the global terrorist threat**. Santa Barbara: Praeger, 2010.

SPENCE, Jonathan D. **Em busca da China moderna: quatro séculos de história**. São Paulo: Companhia das Letras, 1995.

STUENKEL, Oliver. **O mundo pós-ocidental – potências emergentes e a ordem global**. Rio de Janeiro: Zahar, 2018.

VADELL, Javier. **A Expansão Econômica e Geopolítica da China no Século XXI**. Belo Horizonte: Ed. PUC Minas, 2018.

VISENTINI, Paulo Fagundes (org.). **Revoluções e regimes marxistas: rupturas, experiências e impacto internacional**. Porto Alegre: Leitura XXI, 2013.

__________. **Relações diplomáticas da Ásia**. Belo Horizonte. Fino Traço, 2011.

WANG, Xinlin. "Ideias e políticas para o desenvolvimento econômico do transporte de Xinjiang no contexto do Um Cinturão Uma Rota". **Technology and Economic Guide**, v. 28, n. 16, p. 172-173, 2020.

WEIHUA, Mao; JIA, Cui. "Xinjiang to invest huge amount for highway network". **China Daily,** 2017. Disponível em: <www.chinadaily.com.cn/china/2017-01/18/content_27984032.htm>. Acesso em: 17 ago. 2017.

WIJAYASIRI, J.; SENARATNE, N. "China's Belt and Road Initiative (BRI) and Sri Lanka". Em: GARCIA, A. (ed.). **China: BRI o el nuevo camino de la seda**. Cidade do México: UNAM, p. 373-401, 2018.

YAN, Hailong. **The Silk Road Economic Belt, New Opportunities for the Opening-up and Development of Xinjiang**. Economy and Management Publishing House, Beijing, 2016.

YE, Min. **The Belt Road and Beyond: State-Mobilized Globalization in China: 1998-2018**. Cambridge: Cambridge University Press, 2020.

YIWEI, Wang. **The Belt and Road Initiative: what will China offer the world in its rise**. Beijing: New World Press**,** 2016.

ZHANG, Shaoying; MCGHEE, Derek. **Social Policies and Ethnic Conflict in China.** New York: Palgrave Macmillan, 2014.

YIWEI, Wang. **The Belt and Road Initiative: What Will China Offer the World In Its Rise**. Beijing: New World Press, 2016.

ZOU, Lei. **The Political Economy of China's Belt and Road Initiative**. Cingapura: World Scientific, 2018.

DIEGO PAUTASSO - Doutor em Ciência Política pela Universidade Federal do Rio Grande do Sul (UFRGS). Autor dos livros "Imperialismo - ainda faz sentido na Era da Globalização?" e "China e Rússia no Pós-Guerra Fria" e organizador de "Teoria das Relações Internacionais: contribuições marxistas" e "Domenico Losurdo - crítico do nosso tempo".]

e-mail: dgpautasso@gmail.com

TIAGO NOGARA – Doutor em Ciência Política pela Universidade de São Paulo (USP).

E-mail: tiagonogara@gmail.com

DIREÇÃO EDITORIAL
Mirian Paglia Costa

COORDENAÇÃO DE PRODUÇÃO EDITORIAL
Helena Maria Alves
Maria Ângela Silveira de Sousa

REVISÃO DE TEXTO
Elaine Maritza
Pagliacosta Editorial

CAPA E PROJETO GRÁFICO
Lumiar Design

Impresso no Brasil

Formato: *16 x 23 cm*
Mancha: *12x18,5 cm*
Tipologia: *Minion Pro*
Páginas: *184*